普通高等职业教育“教学做”一体化教材

新编21世纪高等职业教育精品教材·电子商务类

电子商务客户服务与管理

主　编／欧志敏
副主编／赖　宇　刘　珍

立德树人　案例生动　内容丰富　资源立体

中国人民大学出版社
·北京·

图书在版编目（CIP）数据

电子商务客户服务与管理/欧志敏主编．-- 北京：中国人民大学出版社，2024.1
新编 21 世纪高等职业教育精品教材．电子商务类
ISBN 978-7-300-31969-8

Ⅰ.①电… Ⅱ.①欧… Ⅲ.①电子商务－商业服务－高等职业教育－教材 Ⅳ.①F713.36

中国国家版本馆 CIP 数据核字（2023）第 135663 号

普通高等职业教育“教学做”一体化教材
新编 21 世纪高等职业教育精品教材·电子商务类
电子商务客户服务与管理
主　编　欧志敏
副主编　赖　宇　刘　珍
Dianzi Shangwu Kehu Fuwu yu Guanli

出版发行	中国人民大学出版社		
社　　址	北京中关村大街 31 号	**邮政编码**	100080
电　　话	010－62511242（总编室）		010－62511770（质管部）
	010－82501766（邮购部）		010－62514148（门市部）
	010－62515195（发行公司）		010－62515275（盗版举报）
网　　址	http：//www.crup.com.cn		
经　　销	新华书店		
印　　刷	北京七色印务有限公司		
开　　本	787 mm×1092 mm　1/16	**版　　次**	2024 年 1 月第 1 版
印　　张	10.75	**印　　次**	2024 年 1 月第 1 次印刷
字　　数	252 000	**定　　价**	32.00 元

前言
Preface

在服务业与互联网高速发展的今天，客户与客户管理的重要性越来越显著。客户是市场重要的构成要素，没有客户就没有市场，也就没有企业生存的基础。客户服务与管理在企业经营和发展中所发挥的作用和带来的效益越来越明显，无论是传统电子商务企业还是新型电子商务企业，无论是贸易、金融、保险、医疗、娱乐、旅游还是“互联网＋”产业，都必须重视客户服务与管理工作。只有满足客户的需求，科学有效地管理好客户，企业才能生存与发展壮大。

随着电子商务的不断更新迭代，客户服务与管理在理论和实践方面发生了很大变化。工作在营销一线的业务员、服务行业的客服人员，以及将来从事营销、电子商务、客户服务相关工作的学生，必须具备客户服务与管理的知识和技能。

本教材遵循理论联系实际的原则，采用项目任务教学法进行编写。每个项目设有项目概述、项目任务、项目习题，每个任务配有任务情景、任务目标、思政园圃、知识介绍、任务实施、课后思考等特色栏目，以改进传统高校课程教学偏重理论而忽略专业实践的问题。通过理实一体的教学模式，实现知识与技能并重，培养能迅速适应社会和岗位要求的高素质人才。

本教材以习近平新时代中国特色社会主义思想为指导，坚持正确的政治方向、舆论导向和价值取向，落实立德树人的根本任务。通过知识目标、能力目标、素质目标三维学习目标的构建，“思政园圃”等思政类栏目的设计，完成知识体系和价值体系的双轨并建，系统体现课程思政特色。

本教材可作为高职高专院校电子商务、市场营销、工商管理、经济管理等专业的教材，也可供广大正在或志在从事营销及相关活动的人士阅读，还可作为企业的培训用书。

本教材由中国特色高水平高职学校和专业建设计划建设单位——广东工贸职业技术学院欧志敏担任主编，赖宇、刘珍担任副主编。全书共六个项目，项目一由刘生娥编写，项目二由陈秋娜编写，项目三由伍青青编写，项目四由赖宇编写，项目五由欧志敏编写，项目六由刘珍编写。

本教材在编写过程中，得到了广东工贸职业技术学院经济贸易学院院长邱秀芳教授、京东教育研究院庞青经理的指导和支持，以及中国人民大学出版社编辑的帮助，在此一并致以诚挚的感谢。

由于电子商务涉及的内容具有较强的时效性，加之编写时间仓促及作者水平有限，书中难免存在不足之处，恳请广大读者批评指正，以使本书日臻完善。

编者

目录
Contents

项目五　客服团队管理

项目六　智能客服

项目一

客服岗位认知

项目概述

随着电子商务的迅速发展，企业对网络客服人员的需求量也迅速增加，但有部分企业对客服岗位认知不足，对客服岗位的工作不够重视，甚至觉得客服是一个极其简单的岗位，认为客服的工作就是客户咨询什么，客服人员就回答什么。正确认知客服，帮助学生树立正确的职业价值观是非常有必要的，这对于培养客服人员的职业认同感、提供优质的服务起着至关重要的作用。

客服人员需要正确认知并熟练掌握哪些知识呢？本项目将详细讲解客服岗位价值、客服岗位能力和客服人员的素养。

任务一 客服岗位价值

任务情景

小明是一名电子商务专业的新生，由于刚入学，对专业了解不多，因此他很注意观察和学习。在学校举办的校园招聘活动中，小明观察到有很多企业都有客服岗位的人才招聘需求。这让他对客服岗位产生了极大兴趣，他想进一步了解客服是一个什么样的岗位，客服对企业的发展有着怎样的价值，客服能否成为他今后专业发展的一个选择。

本任务我们要了解客服岗位的基本情况，认识客服岗位的岗位价值。

任务目标

知识目标：

1. 了解客服的概念。
2. 了解电商客服的分类。

3. 认识客服岗位的岗位价值。

4. 了解客服对企业的重要性。

能力目标：

能提供优质的客户服务，充分发挥客服岗位的价值。

素质目标：

培养客服人员的职业认同感，树立正确的职业价值观。

思政园圃

党的二十大报告强调，“构建优质高效的服务业新体系，推动现代服务业同先进制造业、现代农业深度融合”。现代化的服务业是现代化产业体系的重要支撑。发展优质高效、现代化的服务业，既是产业延链增值的迫切需要，也是满足人民不断升级的高品质、多样化需求的必然要求。随着电商行业的快速发展，客户服务质量成为企业成功的关键因素之一。为了满足客户的需求、及时解决问题并提供完善个性化的支持，电子商务经营者需要重视客服岗位建设，建立高质量的客服团队。

知识介绍

一、客户服务的概念

客户服务，简称客服，是指接受客户咨询，帮助客户解答疑惑，提供相关服务的工作岗位。电子商务客服，简称电商客服，泛指通过互联网，利用各种网络通信工具，特别是即时通信工具，为客户提供咨询、发货、跟踪订单、售后处理等服务的工作岗位。客户服务在企业的经营，产品的推广和销售，以及售后等环节都起着极其重要的作用。在一些电子商务企业，客服岗位的比例甚至超过了50%。

传统客服多为在线下实体店接待客户并提供服务。线下的导购人员能够看到客户的表情，能够察言观色，能够为每位客户提供个性化服务。相比而言，电商客服则需要客服人员在线接待客户，利用各种通信工具，通过图片、文字、视频等方式与客户进行交流沟通，为客户提供及时的服务。

二、电商客服的分类

电商客服按业务职能可分售前客服、售中客服与售后客服三种，如图1-1-1所示。

1. 售前客服

售前客服是企业向客户开展的一系列刺激客户购买欲望的服务工作。在整个营销和销售系统链条中，售前客服是营销和销售之间的纽带，所起作用至关重要，不可忽视。售前客服人员要充分掌握商品的特性和特点，熟悉销售活动的规则，了解客户的心理，用优质的服务激发客户的购买欲望，为完成企业的销售目标做好准备。售前客服的内容多种多

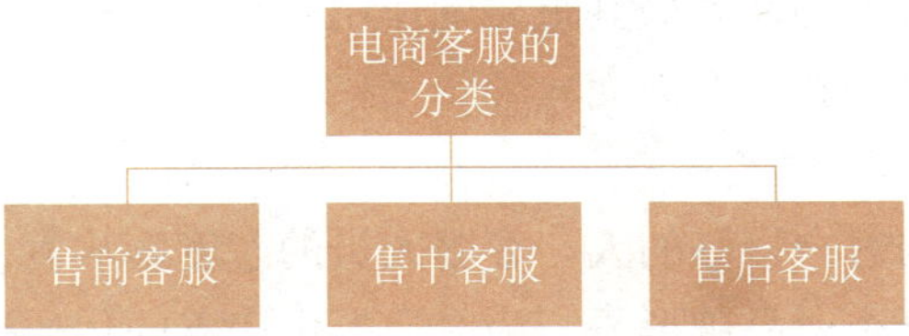

图 1-1-1　电商客服的分类

样，主要包括提供信息，市场调查预测，商品定制，加工整理，提供咨询，接受电话订货和邮购等。

2. 售中客服

售中客服是在商品销售过程中为客户提供的服务，是客服工作的核心环节。售中客服的目标是为客户提供性价比最优的解决方案。针对客户的售中服务，是围绕着“销售机会的产生—销售机会的控制和跟踪—合同签订—价值交付”这样一个完整销售周期展开的。售中客服是既能满足客户购买商品欲望，又能满足客户心理需求的服务行为。售中客服人员在工作过程中要做到耐心细致地解答客户的各类疑问，向客户积极推荐适合的商品，提高客单价，促成订单成交。

售前客服和售中客服都属于一线客服，是企业在客户未购买商品之前所开展的一系列刺激顾客购买欲望的服务工作。一线客服的主要工作目标是协助客户做好需求分析，使企业的商品能够最大限度地满足客户需要。由于售中客服的工作有一部分与售前客服工作相近，因此有些企业会把售中客服归并到售前客服统一管理，只设置售前客服和售后客服岗位。

3. 售后客服

售后客服是指客户完成订单付款后到试用或使用产品过程中卖家所提供的各种服务活动，如产品使用的技术指导，产品维护与保养，客户满意度调查，产品“三包”服务，处理发货、物流等问题，解决客户投诉，等等。售后服务也是一种销售活动，处理过程更为复杂，需要客服人员具有强大的抗压能力与沟通能力。优质的售后服务可以帮助店铺树立良好的形象，提升客户满意度和店铺销售量。

售后服务已经成为企业保持或扩大市场份额的要件。售后客服质量的优劣能影响客户的满意程度。在购买产品时，完善的售后服务保障可以使客户消除疑虑，最终下定决心购买产品。随着消费者维权意识的提高和消费观念的变化，消费者不再只关注产品本身，在同类产品的质量与性能都相似的情况下，他们更愿意选择拥有优质售后服务的公司的产品。

三、客服岗位价值

动画微课

客服岗位价值

在电商行业里，很多企业仍然存在对客服岗位的重要性认识不足的情况，甚至会觉得客服是一个极其简单的岗位，就是客户问什么，就回答什么。事实上，一位优秀的客服人员，可以为企业带来回头客，提升客户忠诚度；可以提高店铺综合评分和店铺转化率。相反，一位不合格的客服人员，会导致客户流失、店铺综合评分差、店铺转化率低。客服工作在品牌推广、产品销售、客户维护等方面均起着极其重要的作用。

客服岗位价值主要体现在四个方面：

1. 提升客户对品牌的满意度

客服人员是第一个与客户接触的人，客服人员的态度影响着品牌形象。良好的客户服务会凸显品牌，从而提升企业品牌形象。为客户提供完善的优质服务，可以带来二次回购等其他转化。客服岗位的服务质量与品牌价值的提升是息息相关的。

2. 建立完善的客户服务体系

客服在整个服务体系中，包括销售环节，均占据着非常重要的地位。完善的客户服务体系会体现一个品牌的专业服务程度，给客户留下深刻的印象。除此之外，一套比较完善的客户服务体系，在企业内部团队培训中可以整体延续，使企业客服的专业程度得到提升。

3. 提高店铺的销量

售前客服的主要价值是促成客户询单转化，提高客户重复购买率。在激烈的市场环境中，留住每一位客户对于企业来说都至关重要。只有提高响应速度和服务质量，才能实现客户的询单购买。在一定程度上，客服影响着客户的购买决定，并且当客户需要再次购买同样的商品时，也会优先选择其所熟知的商家和服务。可见，客服具有提升店铺销量和重复购买率的作用。

4. 提高店铺的综合评分

一旦出现售后维权问题，售后客服人员第一时间与客户进行协商处理，可以降低纠纷维权率。目前存在的情况是，有一些客服人员在面对客户的退款申请时就直接同意，如果先了解客户的退款原因，引导客户去看其他感兴趣的商品，可以降低退款率，提升店铺的综合评分。店铺综合评分对店铺非常重要，会直接影响店铺报名参加平台的各项营销活动。店铺应充分发挥售后客服的价值，帮助店铺提升综合评分。

任务实施

一、任务名称

体验客服岗位的重要性。

二、任务目标

通过调查分析天猫店铺的客户服务，结合本任务的相关知识，体验客服岗位的重要性。

三、任务流程

任务流程如图 1-1-2 所示。

图 1-1-2 任务流程

四、任务步骤

步骤 1　访问天猫购物平台

该步骤的目的是让读者认识天猫购物平台网站及其访问方式。

在浏览器输入网址：https：//www.tmall.com，即可访问天猫购物平台网站（见图 1－1－3）。

图 1－1－3　天猫购物平台网站

步骤 2　了解天猫店铺评分

该步骤的目的是让读者熟悉天猫店铺动态评分的位置及评分概况。

在搜索框输入自己感兴趣的商品，进入相应店铺，单击页面的“描述 服务 物流”，进入店铺动态评分页面，了解天猫店铺评分概况，如图 1－1－4 所示。

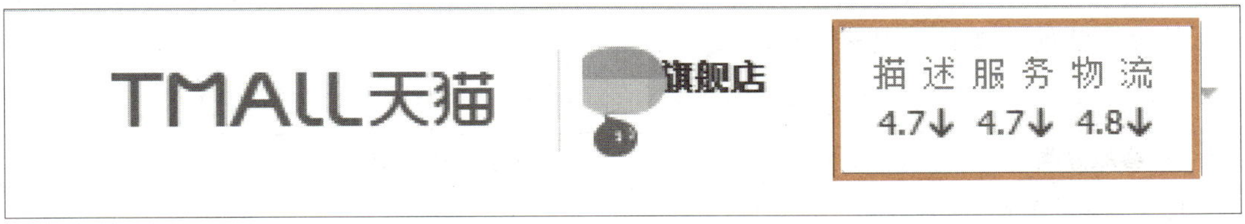

图 1－1－4　天猫店铺评分概况

步骤 3　对比两家店铺评分

该步骤的目的是让读者对比两家店铺的评分情况。

请读者从“宝贝与描述相符、卖家的服务态度、物流服务的质量”三个方面进行两家店铺的评分对比，如图 1－1－5 所示。

步骤 4　分析评分差异原因

该步骤的目的是让读者分析评分差异的原因。

请读者思考两家店铺中卖家服务态度得分的差异，分析为什么会出现差异，哪一家店铺的客服工作做得比较好，完成表 1－1－1。

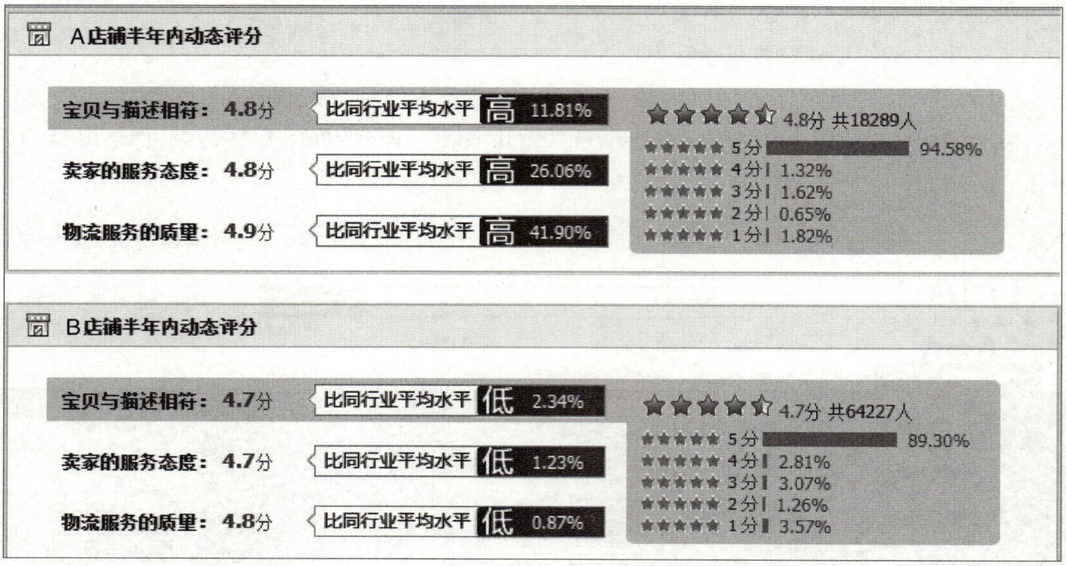

图 1－1－5　对比两家店铺的评分（举例）

表 1－1－1　两家店铺中卖家服务态度得分的差异

店铺名	卖家服务态度得分	与同行业评价水平相比	卖家服务态度评分差异原因
A 店铺			
B 店铺			

步骤 5　总结客服对店铺的重要性

该步骤的目的是让读者总结客服对店铺的重要性。

通过以上两家店铺的评分对比，请读者从优秀专业的客服和不合格的客服两个方面总结客服对店铺的重要性（见表 1－1－2）。

表 1－1－2　总结客服对店铺的重要性

客服分类	对店铺的影响
优秀专业的客服	
不合格的客服	

步骤 6　协作与展示

以小组协作的形式介绍客服岗位对店铺的重要性。

课后思考

1. 客户服务是提供什么服务的岗位？
2. 电商客服按业务职能分类可分为哪几种？
3. 客服岗位的价值体现在哪些方面？

任务二　客服岗位能力

任务情景

小明学习完客服岗位价值的相关知识后，对客服岗位已经有了一定的认识，明确了客服岗位价值，理解了客服的重要性。接下来，小明陷入了思考：如果要应聘网络客服岗位，需要具备什么样的能力呢？

本任务通过介绍网络客服需要掌握的知识及需要具备的能力，明确客服岗位技能，为相关人员做好客服工作打下良好的基础。

任务目标

知识目标：

1. 明确网络客服的职业要求。
2. 了解网络客服的必备知识。
3. 熟悉网络客服的基本能力。

能力目标：

掌握网络客服的基本技能。

素质目标：

树立一丝不苟、追求卓越的工作作风，培养执着专注、精益求精的职业素养。

思政园圃

“执着专注、精益求精、一丝不苟、追求卓越”，在全国劳动模范和先进工作者表彰大会上，习近平总书记高度概括了工匠精神的深刻内涵，强调劳模精神、劳动精神、工匠精神是以爱国主义为核心的民族精神和以改革创新为核心的时代精神的生动体现，是鼓舞全党全国各族人民风雨无阻、勇敢前进的强大精神动力。网络客服人员在岗位工作中需要发扬工匠精神，只有将工匠精神运用到整个客服工作中，才能耐心地倾听客户的意见、细心地解决客户的问题、贴心地为客户提供优质服务。

知识介绍

网络客服工作看似是简单的工作，实则是一个需要掌握一定知识和技能才能做好的工作。要成为一名优秀的网络客服人员，并不是一件容易的事情，需要具备丰富的知识

客服岗位与其他岗位的关系

和熟练的操作技能。在实际工作过程中不断地训练，提升自己解决各方面问题的能力，才能成为一名合格的甚至是优秀的网络客服人员。

一、网络客服的职业要求

网络客服主要有三个方面的职业要求：心理素质要求、品格素养要求、技能素质要求，如图 1-2-1 所示。

动画微课

客服的职业素养

图 1-2-1　网络客服的职业要求

1. 心理素质要求

（1）承受挫折。客服人员每天都要面对各种不同性格的客户，可能会遇到各种各样的误解。例如，客户越过客服人员直接向其上级主管投诉，有些投诉可能夸大其词，客服人员需要有承受挫折和打击的能力，冷静地向上级解释遇到的情况。

（2）调整心态。客服人员在工作岗位上，需要不断地去调整自己的心态。遇到困难、挫折时不能轻言放弃，要有永不言败的良好心态。例如，当遇到一骚扰型客户时，有的客服人员就打退堂鼓了。正确的做法是：调整心态，积极应对。

（3）调节情绪。客服人员每天都要接待数量庞大的咨询投诉，当遇到客户的误解和责骂的时候，情绪和心态就会大受影响。这就需要掌控和调整自己的情绪，因为对于客户来说，你永远是他的第一个倾诉对象。客服人员需要对每一位客户都保持同样的热情。

（4）处变不惊。所谓应变力，是指对突发事件的有效处理能力。客服人员每天都面对着不同的客户，需要具备一定的应变力，特别是在处理一些客户恶意投诉的时候，要处变不惊。

2. 品格素养要求

（1）忍耐宽容。忍耐与宽容是优秀客服人员应具备的一种美德，是面对无理取闹的客户的法宝。客服人员需要有包容心，要包容和理解客户。客户的性格不同，人生观、世界观、价值观也不同，这就需要客服人员具备忍耐与宽容的品德。

（2）团队精神。客服强调的是一种团队精神。客服工作不是为了表现自己，而是为了能把整个团队的工作做好，这就是团队集体荣誉感，这就是团队精神。客服人员需要互相帮助，必须要有团队精神。

（3）承担责任。客服是企业的服务窗口，客服人员应勇于承担责任，积极调解企业与客户之间的矛盾。

3. 技能素质要求

（1）良好的表达能力。良好的语言表达能力是客服人员实现与客户沟通的必要技能和技巧。

（2）熟练的专业技能。客服人员需要学习多方面的专业知识，掌握多种专业技能。

（3）良好的人际关系。客服人员只有具备良好的人际关系，才能更好地融入团队，工作才会更顺利。

二、网络客服的必备知识

1. 商品的专业知识

了解并熟悉商品是网络客服最基本的工作，是做好客服工作的第一步。因为在客户服务过程中，客户一定会围绕商品提出各种各样的问题，例如，商品种类、质量、价格、大小、材质、用途、物流、包装、退换货，以及其他注意事项等。如果客服人员对商品不熟悉，客户提问许久都不做响应，或答非所问，则会影响客户的购物决策及购物体验，乃至增加在购物后出现各种售后问题的可能性。网络客服人员只有对商品非常熟悉，才能快速解答客户的疑问，提升客户对店铺和商品的信任度，从而提升客单价和转化率。

2. 平台相关知识

每个电商平台都制定了一系列的规则、规范，这些平台规则能较好地防止交易双方不诚信的交易行为，能有效地规范交易双方在平台上的行为，保证平台上的交易有序进行，从而促进电子商务行业的发展。电商企业在商品销售过程中，若违背交易平台的相关规则、规范，则会受到一定的惩罚，轻则商品下架，重则关闭店铺。客服岗位作为与客户接触的第一窗口，若不了解平台交易规则，则很有可能会发生一些违规行为，如违背承诺、泄露顾客信息等。由此可见，客服人员上岗前掌握一定的平台规则、规范极为必要，掌握违规行为的界定和处理，从而避免工作中出错。除此之外，客服人员也要了解支付流程和规则，对客户进行必要的指引，积极促成交易，为客户提供良好的购物体验，提升产品的销售量。

知识拓展

淘宝平台服饰类商品争议处理规范（节选）

一、材质描述不当问题

买家主张收到的商品存在（包括但不限于）以下情形的：羽绒填充物含量、针织品里料、面料成分含量等与商品详情页面或卖家承诺等不符。

1. 举证要求

举证内容：

（1）买家可提供商品相应有效检测凭证，证明其实际成分与商品详情页面或卖家承诺等描述不符属实。

（2）买家可提供商品水洗标、吊牌的图片，交易快照，旺旺聊天记录，证明其与商品详情页面或卖家承诺等描述不符属实。

2. 处理标准

商品存在材质描述不符情形的，经判定买家举证有效，淘宝支持买家退货退款，运费由卖家承担。

二、尺寸描述不当问题

买家主张收到的商品存在（包括但不限于）以下情形与商品详情页面或卖家承诺等不符：

上衣：肩宽、胸围、衣长等不符；

连衣裙：肩宽、胸围、裙长等不符；

半身裙：腰围、臀围、裙长等不符；

裤子：腰围、臀围、裤长等不符。

1. 举证要求

举证内容：买家可提供商品平铺测量图、交易快照、旺旺聊天记录，证明其尺寸与商品详情页面或卖家承诺等描述不符属实。

2. 处理标准

商品存在尺寸描述不符情形，尺码误差超过3厘米的，经判定买家举证有效，淘宝支持买家退货退款，运费由卖家承担。

三、图案、款式、颜色描述不当问题

买家主张收到的商品存在（包括但不限于）以下情形的：图案、款式、颜色等与商品详情页面或卖家承诺等不符。

1. 举证要求

举证内容：买家可提供商品实拍图、交易快照、旺旺聊天记录，证明其图案、款式、颜色同商品详情页面或卖家承诺等描述不符属实。

2. 处理标准

商品存在图案、款式、颜色描述不符情形的，经判定买家举证有效，淘宝支持买家退货退款，运费由卖家承担。

3. 物流相关知识

电子商务的实物交易，一般都会涉及物流快递的问题。客服人员需要熟悉物流快递的业务流程、操作规范等物流相关知识，同时要了解不同物流方式的计价公式；不同物流方式的速度；不同物流公司的联系方式（最好准备一份各个物流公司的联系方式清单）；各个物流方式的网点情况；不同物流方式的包裹撤回、地址更改、保价、退件、代收、索赔等，并能对物流的进度进行查询。掌握以上物流相关知识，当客户对物流进行咨询时，客服人员能快速反应，给出相关答案，从而提升客户满意度。

三、网络客服人员的基本能力

网络客服人员的基本能力主要包括：语言表达能力、分析问题能力、独立处理能力、沟通协调能力、岗位操作技能、耐心倾听能力、保持学习能力等，如图1-2-2所示。

图 1-2-2　网络客服人员的基本能力

1. 语言表达能力

客服人员在与客户的沟通过程中，不管是口头表达还是文字表达，需要用词准确、语义明白、语句简洁，能把意思表述得清晰、准确、连贯、得体、没有歧义。

2. 分析问题能力

优秀的网络客服人员不但能做好客户服务工作，还要善于总结和思考，能够在工作过程中收集问题、分析问题、解决问题，从而针对问题提出合理化建议，能够帮助客户或者企业去解决一些实际问题。

3. 独立处理能力

一位优秀的网络客服人员必须具备独立的工作处理能力。企业都希望自己的客服人员能够独当一面，也就是遇到客户提出的难题时，客服人员能独立自主地处理，而不是一遇到难题，不经过自己的思考，马上将难题丢给同事或者领导。这样不仅会影响问题的解决速度，而且个人的工作能力也得不到锻炼和提升。

4. 沟通协调能力

优秀的客服人员不仅要能做好客户服务工作，还要善于协调同事之间的关系，以达到提高工作效率的目的。同事之间的关系处理得不得当，会直接影响客服人员的工作效率和服务质量，所以具备良好的人际关系协调能力，具有团队协作精神，是顺利高效地完成客服工作的保障。

5. 岗位操作技能

熟练的操作技能是网络客服人员的基本功。由于在网络交易过程中，客服人员需要运用电商平台提供的沟通交流工具与客户进行沟通，帮助客户答疑解惑，必要的时候还需要在后台操作帮助客户修改价格、做出备注等，因此客服人员必须熟练使用平台的聊天工具（如淘宝的千牛），熟练操作后台（如店铺的卖家中心）。

除了平台操作，由于网络客服人员大部分时候都需要采用打字的方式与客户进行沟通，因此网络客服人员的打字速度，须达到中文打字每分钟 60 字以上，准确率 95% 以上。

网络客服人员还需要对电脑软件有基本的认识，能够熟练使用办公软件，会管理数据文档，从而能熟练处理商品表格信息和客户信息，为客户提供更好的服务。

6. 耐心倾听能力

不管是售前客服还是售中、售后客服，当客户对产品有疑问的时候，需要客服人员具有足够的耐心来接待客户，解答客户的问题。有些客户购物时比较谨慎，疑惑较多，问题非常具体。这时就需要客服人员耐心地解释和解答，以打消客户的疑虑，促成交易。售后客服人员也会遇到客户提出的种种问题，必要的时候需要进行电话沟通。客服人员应耐心地倾听客户的问题，不能表现出不耐烦，语气要温和有礼，为客户提供细致周到的售后服务，以提高重复购买率。

7. 保持学习能力

在这个信息瞬息万变的时代，电子商务行业也在不断地变化和发展，这就需要电商从业人员具有较强的自主学习能力。商品在不断地更新迭代，平台在不断地升级，每年每月的营销活动也在不断变化，网络客服人员需具备较强的学习能力以应对变化，为客户提供更优质的服务。

知识拓展

电商客服主管招聘（职位描述）

1. 工作职责

(1) 负责制定、修改并推动实施标准化客户服务流程及规范制度。

(2) 负责管理、监督、评估客服人员的各项日常工作，以及售前、售中、售后各环节的服务质量评估，建立质量指标体系，对店铺各项服务负责。

(3) 负责组建客服团队，建立团队考核体系，明确考核指标。着重提升售前客服转化率和接待效率，并对数据进行统计分析，及时反馈问题给运营、产品等团队，及时跟进。

(4) 负责搭建客服培训体系，定期组织产品及沟通技巧培训。

(5) 负责统筹安排整理搜集客户反馈，跟进及分析消费者满意度，进行客户需求分析，并安排制定和实施 CRM 客户关系管理。

(6) 完成管理层安排的其他工作任务。

(7) 其他要求：

1) 熟知电商行业相关规则和知识，带过 10 人以上团队；

2) 有两年以上电商客服团队管理和服务经验；

3) 有电商客服标准、流程、体系的搭建经验；

4) 有良好的人际沟通能力，能够与其他部门紧密协作，分析并灵活处理相关问题；

5) 具备较强的构建团队、管理团队能力，富有团队合作精神；

6) 思维缜密，有决断力，敢于创新，能承受工作压力；

7) 对维护店铺 DSR 有一定的经验。

2. 其他说明

（1）上班时间：8:30—12:00，13:30—18:00，大小周工作制。

（2）福利待遇：年终奖、节日慰问金、下午茶、季度团建、“五险一金”、带薪年假、婚假、产假等。

任务实施

一、任务名称

体验客服岗位的能力要求

二、任务目标

通过向天猫店铺的客服人员咨询商品信息，结合本任务的相关知识，体验客服岗位的能力要求。

三、任务流程

任务流程如图 1-2-3 所示。

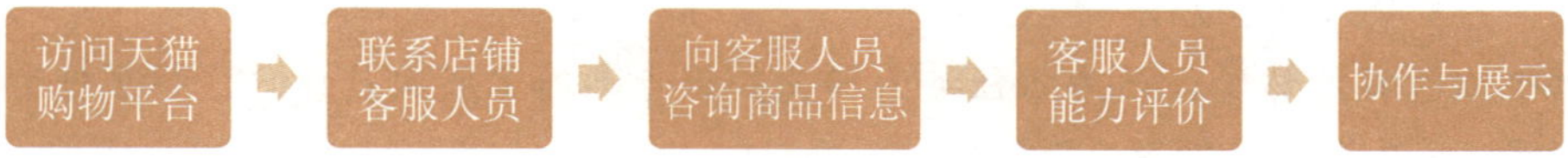

图 1-2-3　任务流程

四、任务步骤

步骤 1　访问天猫购物平台

该步骤的目的是让读者认识天猫购物平台网站及其访问方式。

在浏览器输入网址：https://www.tmall.com，即可访问天猫购物平台网站（见图 1-2-4）。

图 1-2-4　天猫购物平台网站

步骤 2　联系店铺客服人员

该步骤的目的是让读者熟悉联系客服的方法。

在搜索框输入感兴趣的商品。进入天猫店铺后，在店铺顶部店铺评分的旁边，单击联系客服的图标，如图 1－2－5 所示。

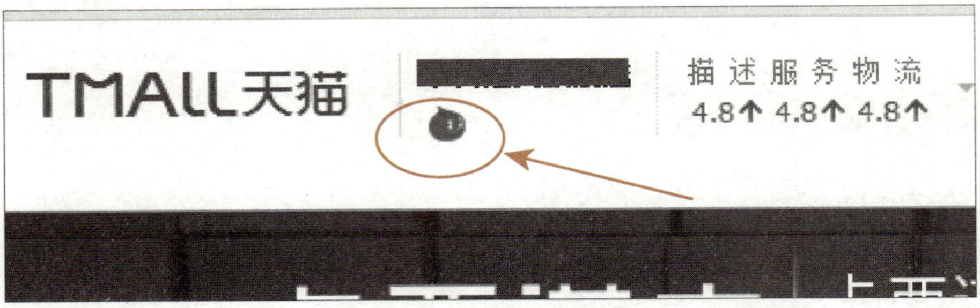

图 1－2－5　联系客服

步骤 3　向客服人员咨询商品信息

该步骤的目的是让读者在向客服人员咨询商品与接受服务的过程中，评判客服人员的能力。

步骤 4　客服人员能力评价

根据咨询过程的体验，参考本任务的相关知识点，给客服人员评分，每项能力满分 10 分。填写表 1－2－1，进行评分及评价。

表 1－2－1　客服人员能力评价

店铺名称：					客服人员昵称：		
客服人员能力	语言表达能力	分析问题能力	独立处理能力	沟通协调能力	岗位操作技能	耐心倾听能力	保持学习能力
评分							
分析与评价							
值得肯定的方面：							
需要提升的方面：							

步骤 5　协作与展示

以小组协作的形式，介绍与展示体验客服岗位能力要求的情况。

课后思考

1. 网络客服的职业要求主要体现在哪几个方面？
2. 在心理素质方面，网络客服需要具备哪些能力？
3. 在品格素养方面，网络客服需要具备哪些能力？

任务三　客服职业发展

任务情景

在学习完客服岗位能力相关知识后，小明对客服岗位有了更深入的认知，了解了网络客服人员需掌握的知识，明确了网络客服人员需具备的能力。小明想继续了解客服人员的职业发展情况，了解客服人员需要具备什么样的职业素养才有利于职业发展。

本任务通过介绍网络客服人员的职业晋升道路，帮助学生了解网络客服人员需具备的职业素养，为职业生涯规划打好基础。

任务目标

知识目标：

1. 了解客服的岗位设置。
2. 认识客服人员的职业发展。
3. 明确客服人员的职业素养。

能力目标：

能制定客服职业发展规划。

素质目标：

在职业岗位认知的基础上，弘扬劳模精神，汲取榜样力量，强化职业规范，深化职业道德，培养爱岗敬业的社会主义核心价值观。

思政园圃

党的二十大报告开宗明义指出大会的主题是高举中国特色社会主义伟大旗帜，全面贯彻习近平新时代中国特色社会主义思想，弘扬伟大建党精神，自信自强、守正创新，踔厉奋发、勇毅前行，为全面建设社会主义现代化国家、全面推进中华民族伟大复兴而团结奋斗。贯彻落实党的二十大精神，需要我们不忘初心、砥砺奋进，用坚定的理想信念、朴实的责任担当来面对岗位工作。立足本职工作，做到爱岗敬业，甘于奉献，在新时代、新征程上，用实际行动践行党的二十大精神。

知识介绍

一、客服的岗位设置

1. 单一平台的岗位设置

使用单一平台（如只在天猫或者只在京东开设店铺）的电子商务企业，客服岗位大部分采用售前、售中、售后的分组架构，如图 1－3－1 所示。

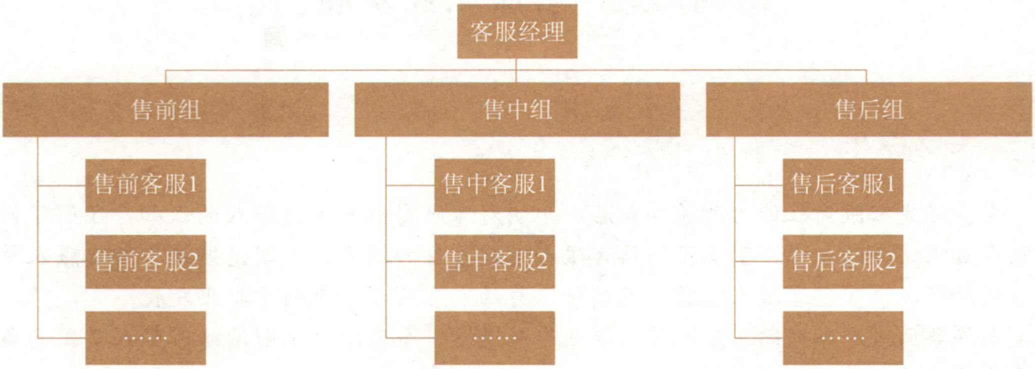

图 1－3－1　单一平台的客服岗位架构

电商客服如何做职业规划?

该架构的优点是能提高售前、售中、售后客服的专业化程度，问题责任归属明确；缺点是沟通不够通畅，如售中客服不能在客户咨询售后问题时给予准确答案。

2. 多平台的岗位设置

使用多个平台的电子商务企业则倾向于根据平台设计客服岗位，岗位架构如图 1－3－2 所示。

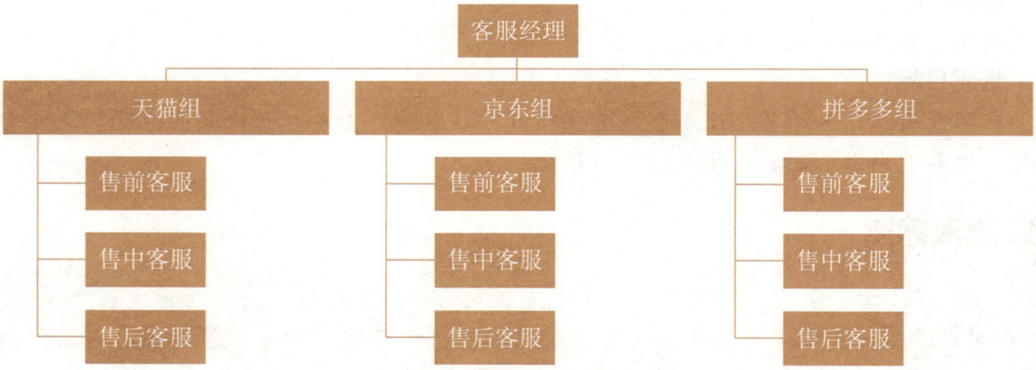

图 1－3－2　多平台的客服岗位架构

该架构的优点是不同平台客服独立管理，同时售前、售中、售后的沟通较为顺畅；缺点是由于客服人员需要专职专用，因此需要聘请较多的客服人员，不适合规模较小且使用平台较多的电子商务企业。

二、客服人员的职业发展

客服人员刚进入企业工作时，会有一段时间的实习期。经过实习期的考核就可以成为一名正式的客服专员。随着岗位工作和业务能力的发展与提升，客服专员有两条职业发展路线：一条是技术路线；另一条是管理路线。

1. 技术路线

实习客服选择技术路线，可以向客服专员、铜牌客服、银牌客服、金牌客服提升，如

图 1-3-3 所示。

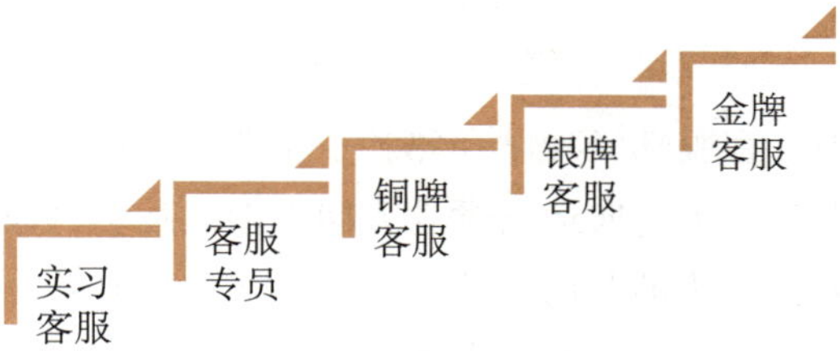

图 1-3-3 客服技术路线的职业发展

2. 管理路线

客服专员选择管理路线，可以向客服组长、客服主管、客服部经理、运营经理、运营总监、总经理等企业管理岗位晋升，如图 1-3-4 所示。

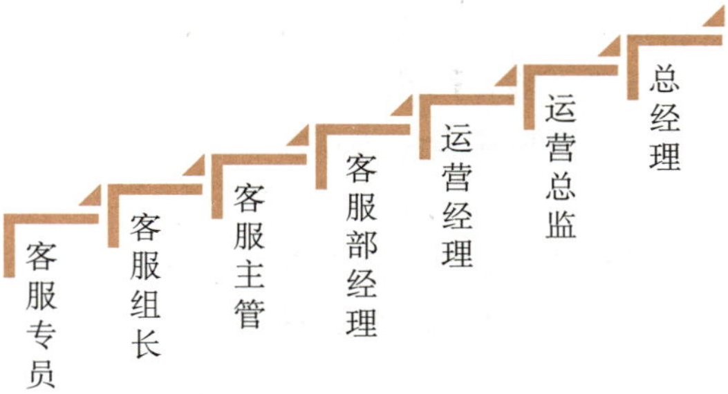

图 1-3-4 客服管理路线的职业发展

（1）客服专员。

客服专员岗是企业客服工作的基础。在网络交易过程中，客户会围绕产品或服务提出各种疑问，如功能、材质、质量、大小、包装、物流等，这就需要客服专员具备丰富的产品知识和服务技能技巧，以及优秀的沟通能力和服务能力，为客户提供优质的服务。

（2）客服组长。

客服组长需要协助客服主管开展客服组的管理工作；进行现场管理、线上巡视、处理客服人员的线上求助；及时调整组员工作状态，以确保达成各种绩效指标；通过面谈、小组讨论或活动等方式和组员保持紧密沟通，及时将组员的想法和问题反馈给上级；熟悉并掌握业务知识，定期对客服专员开展培训工作。

（3）客服主管。

客服主管主要负责管理和协调客服组间的各项工作。客服组长可以通过提升自己各方面的能力，晋升成为客服主管。与客服组长相比，客服主管需要拥有一定的团队管理知识和能力，具备更强的责任心和行动力，能与团队内各成员进行良好高效的沟通。

（4）客服部经理。

工作经验丰富的客服主管，可晋升成为客服部经理。客服部经理主要负责企业客服部整体服务工作的管理和落实，需要有意识地优化客户服务流程，提升客服部门的工作效率并把控客服部门的服务质量，需要具备很强的团队管理能力、沟通协调能力及责任心。

（5）运营经理。

在客服部门的工作中，客服部经理已经熟悉了企业的产品和服务，具备了良好的业务能力和客服团队的管理能力，可以向运营管理方向发展。运营经理负责店铺日常运维、产品线运营、数据统计与分析、店铺及商品的管理等工作。此外，运营经理还需要负责企业电商渠道的整体设计、规划及运营，制订企业网络营销推广计划，监督各部门分计划的实施，协调与企业其他部门的工作，并对各运营计划的结果负责，有需要的时候还要与企业的合作方进行沟通洽谈。所以运营经理需要具备优秀的团队管理能力、组织策划能力、数据分析能力、沟通谈判能力等。

（6）运营总监。

在电商运营团队中，运营总监通常承担把握方向、分配和整合资源的工作。运营总监需要具备多年网络店铺运营推广经验、团队运营管理经验，熟悉消费者行为习惯，熟知网络交易规则，善于数据分析，熟悉网络营销策略。

（7）总经理。

在一般的中小企业，总经理通常就是整个组织里职务最高的管理者与负责人。若是在规模较大的组织里（如跨国企业），总经理所扮演的角色，通常是旗下某个事业体或分支机构的最高负责人。

总经理应向公司董事会负责，全面组织实施董事会的有关决议和规定，全面完成董事会下达的各项指标，并将实施情况向董事会汇报；负责宣传贯彻执行国家和行业有关法律、法规、方针、政策；根据董事会的要求确定公司的经营方针，建立公司的经营管理体系并组织实施和改进，为经营管理体系运行提供足够的资源；主持公司的日常各项经营管理工作，组织实施公司年度经营计划和投资方案；负责召集和主持公司总经理办公会议，协调、检查和督促各部门的工作；根据市场变化，不断调整公司的经营方向，使公司持续健康发展；负责倡导公司的企业文化和经营理念，塑造企业形象；负责代表公司对外处理业务，开展公关活动。

三、客服人员的职业素养

1. 企业认同感

每个企业都有文化，企业文化由经营理念、价值观念、团队精神、团队意识、文化制度等组成。网络客服人员要认可所在公司的产品、服务和文化，热爱自己的工作，坚守自己的岗位，要学会在工作中形成企业认同感。

2. 热情耐心

在服务客户的过程中，客服人员经常会遇到一些非常谨慎、非常关注产品细节，喜欢打破砂锅问到底的客户。对于这类客户，客服人员应提供热情和耐心的服务，给客户以亲切友好的体验，即使客户最终没有下单，也应该保持礼貌热情。这样会给客户留下一个好印象，在以后有需要的时候，客户往往优先选择服务好的企业。

3. 以诚待客

客户在网上选购产品的时候，由于只能通过图片和视频来感知产品，无法触摸到真实的产品，因此难免会对产品的信息产生疑问。作为客服人员，在解答客户疑虑的时候，切记要诚实地回答客户的问题，根据客户的需求坦诚地传递产品的优缺点，推荐适合客户的产品。不能对产品过度包装，不能为了提高客单价胡乱推荐产品，应以诚待客。

4. 言而有信

客服人员在与客户沟通的过程中，在某些时候会答应客户的某些请求，如折扣优惠、物流包装、赠品等。客服人员一旦答应了客户的请求或者要求，就应该言而有信，不能出尔反尔。

5. 包容之心

在工作过程中，难免会遇到一些性情比较急躁、情绪不太稳定的客户。当客户急躁不满的时候，说出来的话语往往较伤人，客服人员要有一颗包容的心，同时还要学会控制自己的情绪，不被客户的情绪所影响，耐心与客户沟通，积极解决问题，以平复客户的不满。

6. 换位思考

要学会换位思考，把自己当作客户，站在客户的角度体会他的处境和需求。客服人员应学会采用恰当的方式推荐合适的产品给客户，提供贴心的网络服务。

7. 服务导向

服务导向是一种乐于为他人提供帮助的意愿。客服人员如果具有服务导向意识，就可以体会到服务是一件快乐的事情，就可以在服务客户的过程中体会到帮助他人的快乐。

8. 坚持原则

在销售与服务过程中，客服人员经常会遇到一些讨价还价的客户。这个时候客服人员应该坚持自己的原则，在耐心、友好、礼貌的基础上说明店铺的优惠方式及活动规则，否则会给客户留下毫无原则的印象。

任务实施

一、任务名称

规划客服职业发展

二、任务目标

通过对客服岗位需求的调查与分析，结合本任务的相关知识，制定客服职业发展规划。

三、任务流程

任务流程如图 1－3－5 所示。

图 1－3－5　任务流程

四、任务步骤

步骤1　登录招聘网站

访问某招聘网站（见图1-3-6）。输入账号和密码，单击“登录”即可。

图1-3-6　招聘网站

步骤2　查找电商客服岗位

在招聘网站搜索“电商客服”相关岗位招聘需求，如图1-3-7所示。

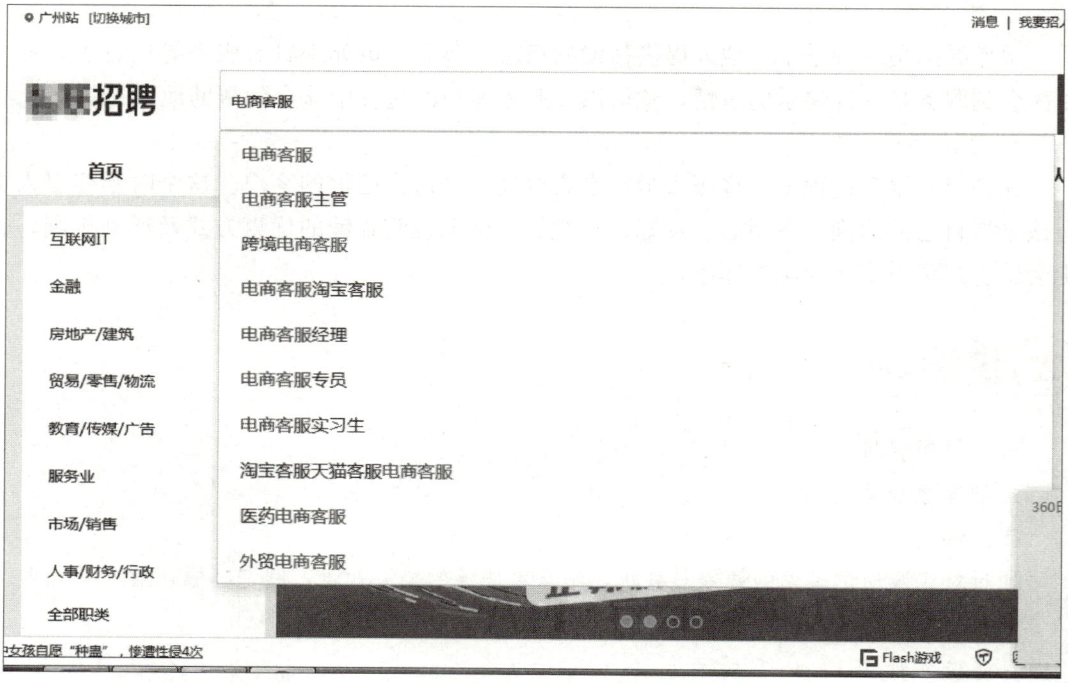

图1-3-7　搜索“电商客服”相关岗位

步骤3　收集整理岗位要求

认真查看电商客服的招聘要求，收集并整理5条具有代表性的信息，完成表1-3-1的填写（具体内容略，此处仅提供框架）。

表 1-3-1　岗位技能及素养要求

序号	企业名称	岗位信息
1		岗位职责： 岗位要求： 福利待遇：
2		
3		
4		
5		

步骤 4　讨论与分享

请学生结合自身的优势、性格、兴趣，分析自己适合的岗位，在小组内分享自己的职业规划。

课后思考

1. 简述客服岗位设置的常见类型。
2. 客服专员的晋升道路是怎样的？

项目习题

一、填空题

1. 电商客服按业务职能可分售前客服、________与售后客服三种。
2. 网络客服的必备知识包括：商品的专业知识、平台相关知识、________。
3. 客服专员有两条职业发展路线：一条是技术路线，另一条是________。
4. 实习客服按技术路线，可以向客服专员、铜牌客服、银牌客服、________进行提升。

二、选择题

1. （　　）是企业在客户未接触产品之前所开展的一系列刺激客户购买欲望的服务工作。

A. 售前客服　　B. 售中客服　　C. 售后客服　　D. 产品客服

2. （　　）是指客户完成订单付款后到试用或使用产品过程中卖家所提供的各种服务活动。

A. 售前客服　　B. 售中客服　　C. 售后客服　　D. 产品客服

3. 承受挫折是网络客服人员的（　　）要求。

A. 心理素质　　B. 品格素养　　C. 技能素质　　D. 专业知识

4. 客服专员按（　　），可以向客服主管、部门经理、运营经理、运营总监、总经理等企业管理岗位晋升。

A. 技术路线　　B. 管理路线　　C. 分工不同　　D. 素质高低

三、简答题

1. 什么是电子商务客服？
2. 在技能素质方面，网络客服需要具备哪些能力？
3. 网络客服需掌握的知识有哪些？
4. 网络客服需具备的能力有哪些？
5. 客服人员需要具备哪些职业素养？

项目二

客服基本要求

项目概述

随着社会的发展，人们对美好生活的向往和追求不断提升。新时代对电商客服人员提出了更高的要求，包括熟悉业务工作，具备良好的职业素养；熟悉客服的工作规程，掌握商品属性，解决用户痛点；熟练使用沟通工具，及时回复客户；熟悉支付体系等。本项目从熟悉客服规则、熟知商品特色、掌握沟通工具、熟悉电子支付四个方面详细讲解客服的基本要求。

任务一 熟悉客服规则

任务情景

小明准备着手实践客服岗位的工作，指导老师要求他先熟悉各大电商平台。网络客服人员必须熟悉不同电商平台的特点和风格，做到掌握其中一个平台的规则，并了解其他平台的规则。

本任务以天猫平台为例，深入浅出地介绍平台规则，帮助客服人员更加清晰地开展平台工作。

任务目标

知识目标：

1. 认识客服规则的重要性。
2. 熟悉售前客服主要规则。
3. 熟悉售后客服主要规则。

能力目标：

掌握学习客服规则的能力和方法。

素质目标：

树立遵纪守法的意识，培养诚信经营的职业操守。

思政园圃

党的二十大报告提出，坚持依法治国和以德治国相结合，把社会主义核心价值观融入法治建设、融入社会发展、融入日常生活。“不以规矩，不能成方圆”出自《孟子·离娄上》，说的是如果不用圆规和矩尺，就无法准确画出圆形和方形，告诫人们做人做事要遵循一定的标准、法则。电商客服人员需要熟悉平台相关的规则和考核标准，这样才能确保在工作中避免违规操作，提高服务质量和工作效率。

知识介绍

客服发微笑表情被投诉 网络交流哪些是雷区？

一、客服规则的重要性

学习和遵守规则是对客服人员的一项最基本的要求。客服人员在接待客户的过程中，如果出现违反电商平台规则的行为，会导致店铺遭受平台扣分和处罚；或被客户投诉，产生不必要的纠纷。这些情况都会影响店铺形象和品牌口碑，进而影响店铺销售的转化。因此，客服人员需要认真学习相关规则，并在工作中规范操作。这样才能避免店铺被投诉与处罚，才能为客户提供优质的服务，才能提升店铺形象与品牌口碑，为店铺的健康发展创造必要条件。

二、售前客服主要规则

售前客服主要规则如图 2－1－1 所示。

动画微课

熟悉客服规则

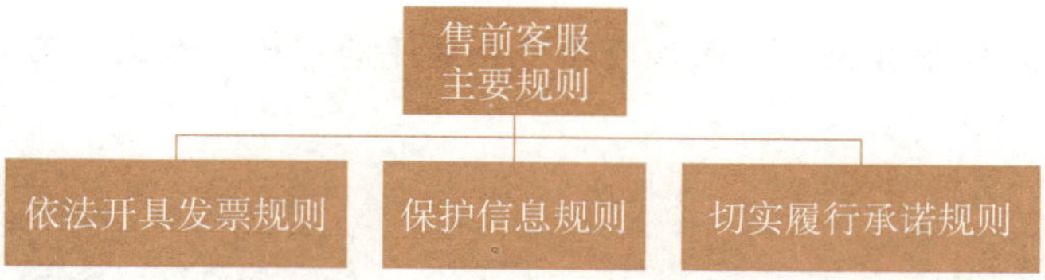

图 2－1－1　售前客服主要规则

1. 依法开具发票规则

发票是单位和个人在购销商品、提供或接受服务，以及从事其他经营活动中所开具和收取的业务凭证，是会计核算的原始依据，也是审计机关、税务机关执法检查的重要依据。《中华人民共和国税收征收管理法》规定，单位、个人在购销商品、提供或者接受经营服务以及从事其他经营活动中，应当按照规定开具、使用、取得发票。《中华人民共和国发票管理办法》规定，销售商品、提供服务以及从事其他经营活动的单位和个人，对外发生经营业务收取款项，收款方应当向付款方开具发票。《中华人民共和国电子商务法》第十四条明确规定："电子商务经营者销售商品或者提供服务应当依法出具纸质发票或者电子发票等购货凭证或者服务单据。"

以天猫平台的规则为例，平台内经营者需要为客户开具发票，不能收取客户的税点。开具发票需要依法合规，不能虚开内容或金额。当发票不随货品发出而需要单独邮寄时，运费由商家承担，不能收取买家运费。

小知识

天猫平台规定，平台内经营者违背以下任一发票承诺的，每次扣一般违规行为 6 分：

（1）客服补开发票收取客户运费。

（2）拒绝为客户提供发票。

（3）收取客户税点才开发票。

（4）客服回答客户没有发票提供。

（5）乱开发票或违规开票。

2. 保护客户信息规则

根据《中华人民共和国个人信息保护法》的规定，客服人员对客户信息负有保护义务。客户信息包括但不限于客户真实姓名、手机号码、收货地址等订单相关信息，身份证信息，匿名买家的会员名等。当客服人员发生不当获取或使用客户信息行为时，电子商务经营者应及时做出处理措施。电子商务平台经营者应及时处理违规商品或信息，对相关平台内经营者进行处罚，做出公示警告、限制使用特定工具、经营权限管控等措施。

以天猫平台为例，平台内经营者不当获取使用信息的，天猫可删除被泄露的信息或要求店铺消除影响，并视情节轻重进行处理。情节一般的，每次扣 2 分；情节严重的，每次扣 6 分；情节特别严重的，给予清退店铺的处理。对于天猫排查到的涉嫌不当获取使用信息的店铺，天猫视情节严重程度可采取公示警告、限制使用特定工具等措施。

场景应用

买家：店家，我刚刚用×××（账号）下单了，帮我核对下信息。

客服：亲亲，麻烦您使用下单的旺旺号联系我们。

买家：我手机不方便，我当时的订单号是×××××××××678，可以帮忙查一下下单时的收货地址和信息吗？我当时好像填错了。

客服：亲亲，实在抱歉，我们不能随意把别的账号信息发给他人的，辛苦您使用下单时的账号与我们联系，我们一定会为您核实清楚的。

3. 切实履行承诺规则

售前客服需要处理好 5 种常见的承诺：

（1）付款方式。电子商务经营者不能违背承诺的付款方式，如信用卡付款、货到付款等。经营者如果开通了信用卡付款业务，不可因手续费问题拒绝客户使用信用卡付款或单独收取手续费；如果开通了货到付款业务，不能拒绝提供货到付款服务，不能拒绝给客户发货。

（2）商品价格。承诺的商品折扣或优惠，不能在客户付款后拒绝兑现。以下案例属于商家违背承诺，客户可以向平台投诉商家。

相关案例

客服 A 为了促成交易，承诺给予客户一定的折扣。

买家：如果购买 1 000 元的商品，有优惠吗?

客服 A：亲亲，有优惠的。由于平台不支持修改价格，因此请您收到货后联系客服，我们可以给您申请 50 元的返现。

客户收到货后再联系客服：

买家：货品我已收到，现在申请优惠。

客服 B：亲亲，抱歉喔，之前的客服是新手，不清楚活动优惠，我们这款商品是没有优惠的，请您见谅！

"天猫"春节期间发货规则

（3）发货时间。电子商务经营者应按承诺的发货时间发货。发货时间以双方约定为准，未约定的情况下，以电子商务平台规定的发货时间为准，如天猫平台规定除特殊情况外，平台内经营者应在客户付款后 48 小时内发货。如遇节假日、疫情、地区管控等特殊情况另作规定。

（4）发货物流。《中华人民共和国电子商务法》第五十二条规定，"电子商务当事人可以约定采用快递物流方式交付商品。"电子商务经营者与客户如有约定发货的快递物流方式，则应按约定进行。这就要求售前客服人员与客户做好沟通和说明。

此外，售前客服人员也应与相关部门做好沟通。例如，商家默认包邮的 A 快递，经协商沟通后，客户要求补运费差价发 B 快递。这时售前客服人员就应该做好相应的沟通工作，做好备注，告知仓库或负责发货的同事。

（5）包邮问题。如果商家在其网店设置了全国包邮的运费模板，承诺了全国地区免费包邮，售前客服人员就不能以地区偏远为由拒绝客户的购买请求。不能包邮的地区需在运费模板进行设置，并在产品详情页中进行显著说明。

三、售后客服主要规则

售后客服主要规则如图 2－1－2 所示。

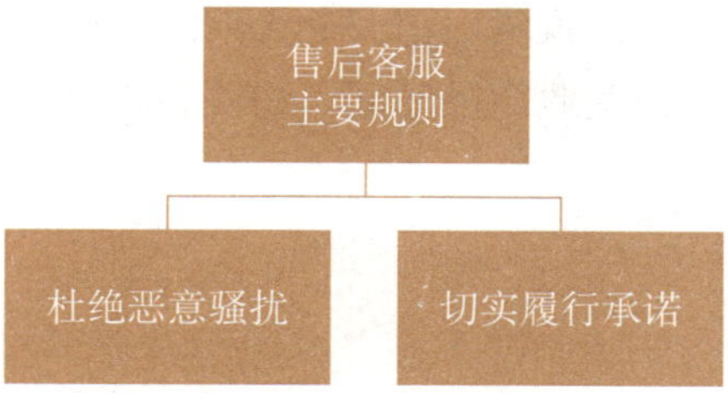

图 2-1-2　售后客服主要规则

1. 杜绝恶意骚扰

恶意骚扰是指对他人实施骚扰、侮辱、恐吓等妨害他人合法权益的行为。恶意骚扰一般以行政处罚进行教育，也可能需要承担相应的民事责任，需要停止对对方的侵害、赔礼道歉。买家有实际损失并能证明损失与恶意骚扰行为之间存在因果联系的，卖家需要进行相应的经济赔偿。更严重者可能会触犯法律，承担相应的法律责任。因此，客服人员应注意学习相关规则，避免违反相关规定。

以天猫平台为例，恶意骚扰投诉成立，情节一般的：每次扣一般违规 2 分，每次处 1 000 元罚金，以现金红包的方式赔付消费者，一个自然年内累计出现三次及以上的，则自第三次违规开始除需向消费者赔付外，每次扣一般违规 12 分；情节严重的：每次扣一般违规 12 分，消费者发起投诉且经天猫判定投诉成立的，每次还应向消费者赔付 1 000 元；情节特别严重的：给予清退店铺的处理。

差评后遭到短信“轰炸”，谁在捣鬼？

此处所说的情节一般、情节严重和情节特别严重，解释如下：

（1）情节一般。通过电话、短信、阿里旺旺、邮件等方式对客户实施侮辱、恐吓威胁、语言攻击的行为（如带有辱骂含义的口头禅、动物指代词汇、诅咒词汇等不文明用语）；直接或者间接通过电话、短信、阿里旺旺、邮件等方式频繁联系客户，影响客户正常生活的行为。

（2）情节严重。多次发生“情节一般”情形。

（3）情节特别严重。采取恶劣手段严重影响客户正常生活，给客户身心造成极大伤害，或造成严重恶劣影响的行为，如向客户邮寄让人产生反感的物品的行为。

2. 切实履行承诺

售后客服需要处理好 3 种常见的承诺：

（1）官方活动。平台内经营者参与了电子商务平台的官方活动，就需要按照活动要求提供相应的服务。

（2）换货服务。与客户协商好换货，需要依照协商的内容，为客户提供换货服务。例如，客服人员已经答应客户的换货申请，但在客户退回后发现换货商品缺货，因担心客户给中差评，而拒绝给客户发货，客服人员的该行为属违规行为。

“天猫”七天无理由退换货规则

（3）七天退货。客户符合七天退货的条件时，应为其提供退货服务。以天猫平台为例，其要求平台内经营者提供七天无理由退换货服务。客户在签收商品之日起七天内，对于支持七天无理由退换货的商品且符合商品完好标准的，可向经营者发起七天无理由退货或换货申请。七天期间自客户签收商品后的次日零时开始起算，满 168 小时为七天，客户签收商品时间以物流签收时间为准。

任务实施

一、任务名称

熟悉客服规则

二、任务目标

通过对比各大电商平台的帮助中心，结合本任务的相关知识，熟悉客服主要规则。

三、任务流程

任务流程如图 2－1－3 所示。

图 2－1－3　任务流程

四、任务步骤

步骤 1　熟悉发票规则

分别访问各大电商平台的帮助中心，熟悉电商平台关于发票的规则。填写表 2－1－1，进行比较。

表 2－1－1　电商平台发票规则

平台名称	发票规则	相应处罚
天猫		
淘宝		
京东		
拼多多		
抖音		

步骤 2　熟悉信息保护规则

分别访问各大电商平台的帮助中心，熟悉电商平台关于信息保护的规则。填写表 2－1－2，进行比较。

表 2－1－2　电商平台信息保护规则

平台名称	信息保护规则	相应处罚
天猫		
淘宝		
京东		
拼多多		
抖音		

步骤 3　熟悉发货规则

分别访问各大电商平台的帮助中心，熟悉电商平台关于发货的规则。填写表 2－1－3，进行比较。

表 2-1-3 电商平台发货规则

平台名称	发货规则	相应处罚
天猫		
淘宝		
京东		
拼多多		
抖音		

步骤 4 熟悉恶意骚扰规则

分别访问各大电商平台的帮助中心，熟悉电商平台关于恶意骚扰的规则。填写表 2-1-4，进行比较。

表 2-1-4 电商平台恶意骚扰规则

平台名称	恶意骚扰规则	相应处罚
天猫		
淘宝		
京东		
拼多多		
抖音		

步骤 5 协作与展示

以小组协作的形式，介绍与展示客服规则。

课后思考

1. 客服规则具有哪些重要性？
2. 售前客服需要重点掌握哪些规则？

任务二 熟知商品特色

任务情景

在认真学习客服规则后，小明了解了规则的重要性，熟悉了售前客服与售后客服的主要规则。接下来，他需要继续了解如何快速熟悉商品，以便更好地胜任客服工作。商品是一切电商之源，客服人员需要掌握商品的相关专业知识，深刻了解商品的属性以及商品卖点。在与客户的沟通中，客服人员应能够熟练地介绍商品的特色，让客户充分信任。

本任务主要介绍客服人员应掌握的各类商品问题，能够向客户准确推荐商品，做好关联销售。

任务目标

知识目标：

1. 了解商品的意义。
2. 了解商品的特色。

能力目标：

掌握分析与归纳商品特色的方法。

素质目标：

培养细致的观察力，树立健康的审美观念，提升感受美、欣赏美的能力。

思政园圃

党的二十大报告提出“广泛践行社会主义核心价值观”要求。“美”是“平等”“自由”“民主”“文明”等概念的题中之义，经由“美”，我们可以在价值观念体系的各个概念之间找到深刻的联结，与人的生活建立紧密的联系。在生活中，我们要善于发现美人、美事、美景。赠人玫瑰，手留余香。我们需要学会发现美，主动付出、主动给予、主动帮助，用我们的爱心帮助身边的人。在工作中，我们要善于发现商品的优点，熟知商品的特色，把商品之美传递给客户。

知识介绍

当带货撞上陕西文化，如何为“陕味儿”代言

一、熟知商品的意义

客服人员除了帮助客户解决问题，还要承担商品的推广和销售工作。除了掌握规则，客服人员必须提前了解和熟悉店铺商品，这样才能够更好地帮助客户解决关于商品的问题，更好地为客户推荐和介绍商品。熟悉商品有助于提升客服工作效率，提升店铺转化率，可见，对商品的熟悉程度是客服人员专业度的重要体现。

动画微课

熟悉商品特色

二、熟知商品的特色

在繁荣活跃的现代社会，市场中的商品丰富多彩、琳琅满目，每种商品都具有其特有的定位、卖点和特色。客服人员要快速掌握商品的特色，可从五个要点进行熟悉，分别是：商品定位、商品卖点、商品属性、功能效用及使用保养，如图 2-2-1 所示。

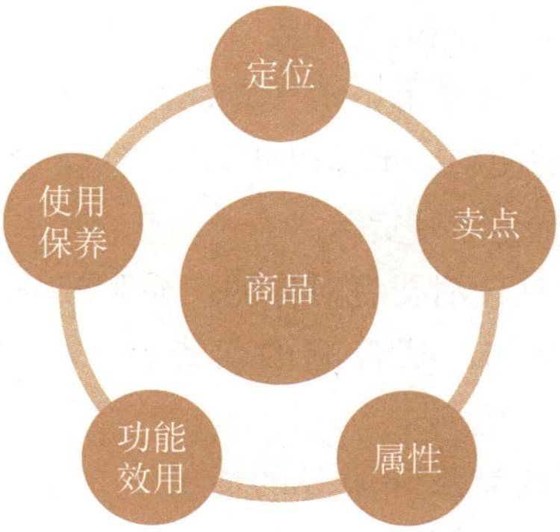

图 2-2-1　商品特色的要点

1. 商品定位

商品定位是电子商务经营者针对目标消费者和生产商的实际情况，动态分析确定商品的经营结构，实现商品配置的最优化状态。商品定位包括对商品品种、档次、价格、服务等方面的定位。分析商品定位需要分析商品的适用人群、生命周期以及购买后的使用跟踪等，同时要分析客户在购买后会否再次购买、客户如何推荐给身边其他人群，以便形成良好的口碑营销。商品定位既是经营者、决策者对市场判断分析的结果，又是经营理念的体现，还是经营者通过商品而设计的在消费者心目中的形象。要做好客户营销，熟悉商品定位非常重要。

2. 商品卖点

菲利普·科特勒在《营销管理》中将商品卖点定义为：商品卖点是与竞品相比的差异化。商品卖点在一定程度上代表了与同类商品相比较的优势，在新产品推出或者产品竞争白热化的时候，一个强有力的卖点往往能够让产品快速打开局面，在消费者心中占据一席之地。一个成功的卖点必须是消费者渴望得到的，并且是可感知和可衡量的。

商品卖点可以从商品的价格、服务、效率、质量、稀缺、便利、实力、附加值、选择、认知等方面进行发掘与提炼。

（1）价格。价格是影响消费者决策的重要因素，透明化或者可比性较强的商品可以把价格作为卖点。例如，某拉杆箱商家的卖点是“厂家直销，价格便宜 40%，比比就知道”。

（2）服务。消费者不仅仅消费商品，很多时候也会考虑服务的因素。这里的服务包括现场的服务和售后服务。如果能在服务上提出可衡量的标准，不仅可以瞬间吸引消费者，还可以形成口碑传播。例如，某水果店的卖点是“购满 20 元，免费送货到家”。

（3）效率。消费者都渴望快速获得自己需要的商品价值。尤其是在市场竞争激烈的形势下，高效率地满足消费者的需求，是这个快节奏时代的要求。例如，某润喉糖主打“××喉宝，入口见效”。

（4）质量。商品质量是消费者最关注的一项重要内容。假如经营者的商品质量过硬，则可以成为一大卖点对其进行突出宣传。以质量作为卖点的时候，可以通过场景化描述，多使用动词，提升消费者的直观联想。例如，某羊毛衫的卖点是“水洗不变形，1 年变形免费换”。

（5）稀缺。“物以稀为贵”，不管是原材料的稀缺还是生产数量的稀缺，都会极大地提升商品在消费者内心的价值感。例如，某酒的卖点是“采用祖传工艺酿制，每年限供 2 000 坛”。

（6）便利。在快节奏的时代背景下，消费者往往喜欢方便快捷的生活方式，如果商品和服务能够给消费者带来极大的便利，不妨以此为宣传点，能吸引一大批客户。例如，某应用的卖点是“一个 App，帮你选全球好货”。

（7）实力。强大的实力能够让消费者对你的产品和服务放心，这种实力来源于过往的成绩、技术、产品资质等。例如，某音响的卖点是“10 年的品牌，服务的客户共计 12 万”。

（8）附加值。在提供同样的商品和服务的情况下，如果能比竞争对手提供额外的价值，则会在市场竞争中占领先机。例如，某款蛋糕的卖点是“买任意一款蛋糕，即可免费获得一杯价值 5 元的豆浆”。

（9）选择。为什么消费者会“货比三家”，因为消费者往往喜欢将更多的选择进行对比，以挑选出自己最喜欢的商品。利用更多选择作为卖点，能吸引特定消费者的关注。比如某自助餐的卖点是“只需要 50 元，108 种菜品任你随便吃”。

（10）认知。很多时候，商家将行业内习以为常的产品特点和生产流程默认为共识，而消费者并不知情。1919 年，美国舒立兹啤酒面临非常严峻的挑战，因没有准确突出卖点而无法区别于竞争对手，业绩一直不振，濒临倒闭。在营销策划师克劳德·霍普金斯的帮助下，仅仅几个月的时间，舒立兹啤酒销量跃居美国啤酒市场第一名。他的秘诀仅仅是将所有啤酒生产商都要经历的生产流程展现给消费者，因这一卖点被消费者优先选择。

3. 商品属性

常见的商品属性包括规格尺码、材质面料、风格潮流等。

（1）规格尺码。规格尺码指的是商品的物理性状，包括体积、长度、重量等。例如，水杯的容量、食品的重量、绳子的长度等。

（2）材质面料。材质面料指的是商品的成分、配比、特性、颜色等。例如，羊绒衫的材质成分配比为：羊绒 35%，羊毛 55.2%，抗起球纤维 9.8%。

（3）风格潮流。风格潮流指的是款式、颜色、设计等。电子商务经营者需要抓住时代脉搏，客服人员需要紧跟时尚前沿步伐。比如服装的搭配风格有英伦、小清新、嘻哈、韩系风格等。客服人员应擅于把握客户的风格定位，准确评估服装的搭配效果，将合适的商品及时推荐给客户。

4. 功能效用

功能效用指的是商品的使用效果，是商品使用价值的体现。例如，蜂蜜能滋养皮肤，改善皮肤干燥，常饮可以使人保持青春，延缓细胞衰老。

5. 使用保养

客服人员在与客户沟通过程中，应告知商品的保养与使用方法。宝贝详情页中通常有详细的说明，客服要熟记，在交易过程中主动提交给客户。例如，羽绒被的使用方法——初次使用，需要轻拍几下，让羽绒蓬松；清洁方式是必须干洗，禁止水洗；定期通风 2～3 小时，切勿暴晒；收藏时要放于阴凉干燥处。

任务实施

一、任务名称

制作商品手册

二、任务目标

结合本任务的相关知识，制作商品手册，熟知商品特色。

三、任务流程

任务流程如图 2-2-2 所示。

图 2-2-2　任务流程

四、任务步骤

步骤 1　查找商品

在电商平台查找一种感兴趣的商品。以淘宝平台为例，如图 2-2-3 所示。

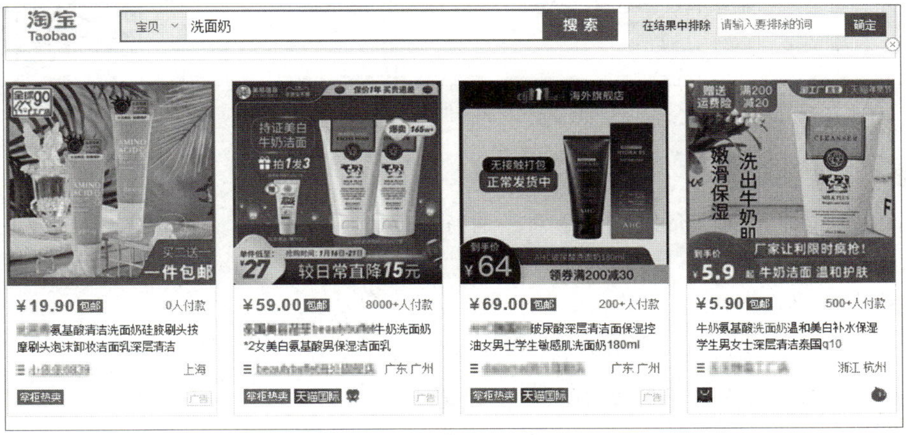

图 2-2-3　在电商平台查找商品

步骤 2　熟悉商品的特点

进入商品店铺，浏览商品页面，熟悉商品的特点，如图 2-2-4 所示。

步骤 3　整理商品的特点

根据本任务中的知识点，依次把该商品的定位、卖点、属性、功能及保养等信息进行归纳整理。

步骤 4　制作商品手册

根据上一步骤整理的资料，使用 Excel 制作商品手册（见图 2-2-5）。商品手册可以方便客服人员随时查阅熟记，也可以根据工作需要，适时修改变更商品信息。

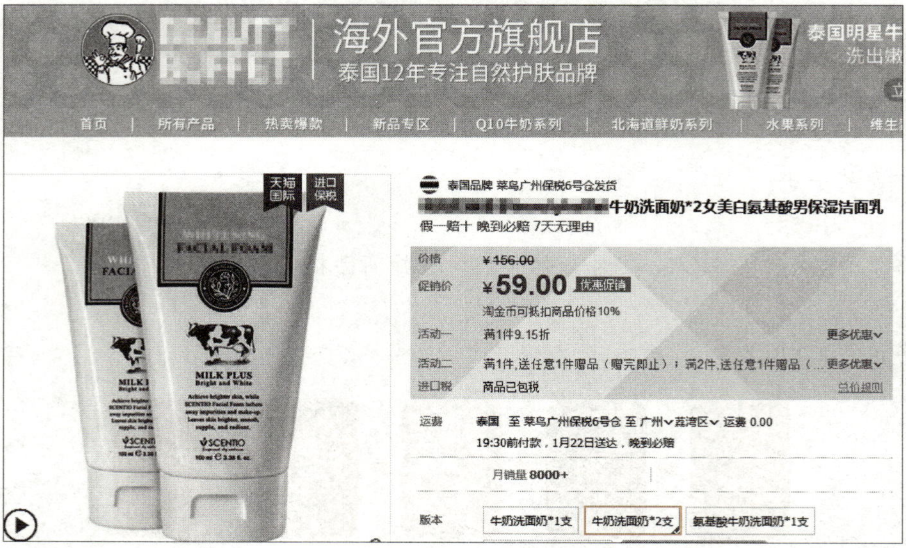

图 2-2-4 熟悉商品的特点

图片	名称	卖点	类别	品牌	产品成分	保质期	产地	容量	一瓶大约能用多久	使用方法	产品注意事项
	Q10洗面奶	亲，这款产品采用甄选牛奶原料，清洁肌肤的同时，不过度揉搓肌肤，补充营养成分，修护脆弱肤质，能够温和呵护肌肤，使肌肤保持水润透亮，光滑细腻，紧致弹嫩的哦	洗面奶	Beauty Buffet 中文名字：美丽荟菲	库拉索芦荟叶汁、水解牛奶蛋白、辅酶Q10、胸腺肽等	2年	泰国	100ML	产品属于消耗品，这个是无法估计的，容量为100ml，具体一瓶可以使用多久是根据个人的使用频率或使用的量来决定的哦	洗手后取硬币大小的洗面奶，滴两滴温水在手心，然后将洗面奶搓起泡，将手上的洗面奶泡沫揉按在脸部，以打圈的方式清洗毛孔	敏感肌不建议，推荐自主选择

图 2-2-5 制作商品手册

步骤 5 协作与展示

以小组协作的形式，介绍与展示商品的特点。

课后思考

1. 熟知商品对客服人员而言具有什么意义？
2. 客服人员通常从哪些方面熟知商品特色？
3. 什么是商品定位？

任务三 掌握沟通工具

任务情景

通过任务二的学习，小明掌握了熟悉商品的方法与技巧。在学习了客服规则和商品特色后，他要继续学习更多的客服基本要求。网络客服人员是通过网络接待来访的客户的，小明应使用什么工具与客户进行沟通交流？这些客服沟通工具有哪些主要功能？

本任务以淘宝平台为例，介绍客服沟通工具的相关知识和主要功能。

任务目标

知识目标：

1. 认识千牛工作台。
2. 了解千牛工作台的基本设置。
3. 认识千牛工作台的主要功能。

能力目标：

掌握千牛工作台的基本操作方法和使用技巧。

素质目标：

培养爱岗敬业的职业精神、追求卓越的创新精神。

思政园圃

"创新是引领发展的第一动力""中国如果不走创新驱动发展道路，新旧动能不能顺利转换，就不能真正强大起来"，习近平总书记多次围绕创新创造发表重要讲话。抓创新就是抓发展，谋创新就是谋未来。党的二十大报告指出，"必须坚持科技是第一生产力、人才是第一资源、创新是第一动力，深入实施科教兴国战略、人才强国战略、创新驱动发展战略，开辟发展新领域新赛道，不断塑造发展新动能新优势。"作为客服人员，也要把握新经济发展的机遇，在岗位工作中不断创新，运用新科技、新技术，为客户提供更优质的服务。

知识介绍

千牛公布趋势品类上新工具，利关淘宝商家

一、千牛工作台概述

千牛工作台（简称"千牛"）是一款由阿里巴巴集团官方研发的网络客服工作平台，是众多淘宝卖家、天猫商家使用的客服管理工具。该工具提供一站式解决商家核心经营链路需求的服务，能聚焦产品体验与服务，服务千万活跃商家，通过数万家服务商合作伙伴打造服务生态闭环，能提供完整电商解决方案。

千牛主要有卖家工作台、消息中心、阿里旺旺、量子恒道、订单管理、商品管理、插件中心等功能版块，并开发了电脑版和手机版，支持在各种操作系统下的运行，满足不同商家的使用需求。千牛可协助卖家整合店铺管理工具、整理经营咨询信息、维护商业伙伴关系，借此提升卖家的经营效率，促进彼此间的合作共赢。千牛功能齐全、性能稳定，是与顾客沟通的良好桥梁。

二、千牛工作台的基本设置

1. 登录操作

商家可以从千牛的官网下载千牛卖家工作台。安装后，使用淘宝账号与密码进入登录界面。如果是企业工作人员，可以使用企业分配的子账号进行登录，如图 2－3－1 所示。

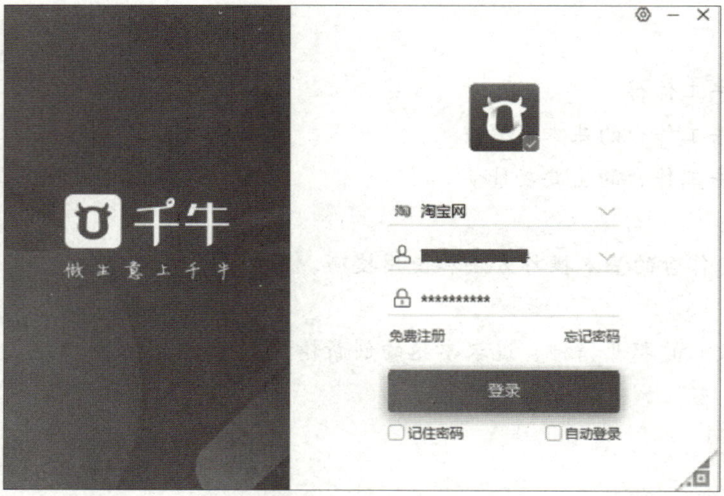

图 2－3－1　千牛工作台登录界面

为了安全，客服人员需养成细致谨慎的工作习惯。在工作中登录千牛时，建议不要勾选登录界面下方的“记住密码”与“自动登录”两项，避免他人冒用身份进入工作台，影响工作正常开展。

2. 添加插件

千牛提供插件接入服务，以拓展客服平台的功能。这些插件模块（如交易管理、商品管理）一般由第三方服务商提供，是否收费取决于服务商。常见的功能有改价、扫描发货、发送消息等。添加插件按钮的具体操作，如图 2－3－2 所示。图 2－3－3 所示的添加插件模块，有些需要付费才能使用。

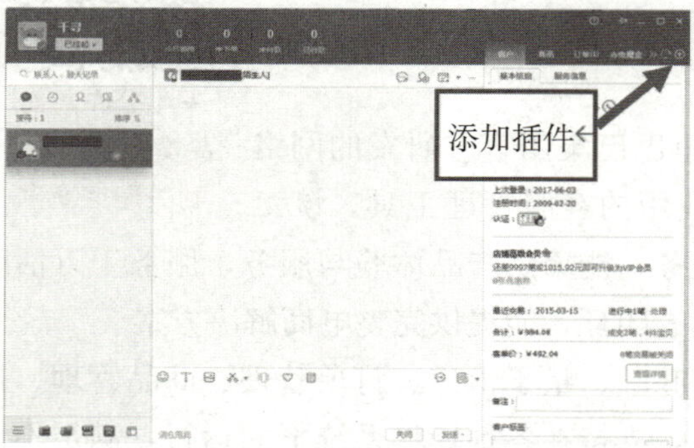

图 2－3－2　添加插件按钮

图 2－3－3　添加插件模块

3. 系统基本设置

登录千牛，点击第一个聊天按钮，打开的即是客服工作台。单击工作台左下角“三横线”标志，就可以对系统进行设置。客服人员第一次登录时，需要勾选“禁止投屏”“不接受语音视频请求”“不接受远程协助请求”。此外，在上班期间，无特殊情况，客服人员需将状态设置为“在线”。具体系统设置如图 2-3-4 所示。

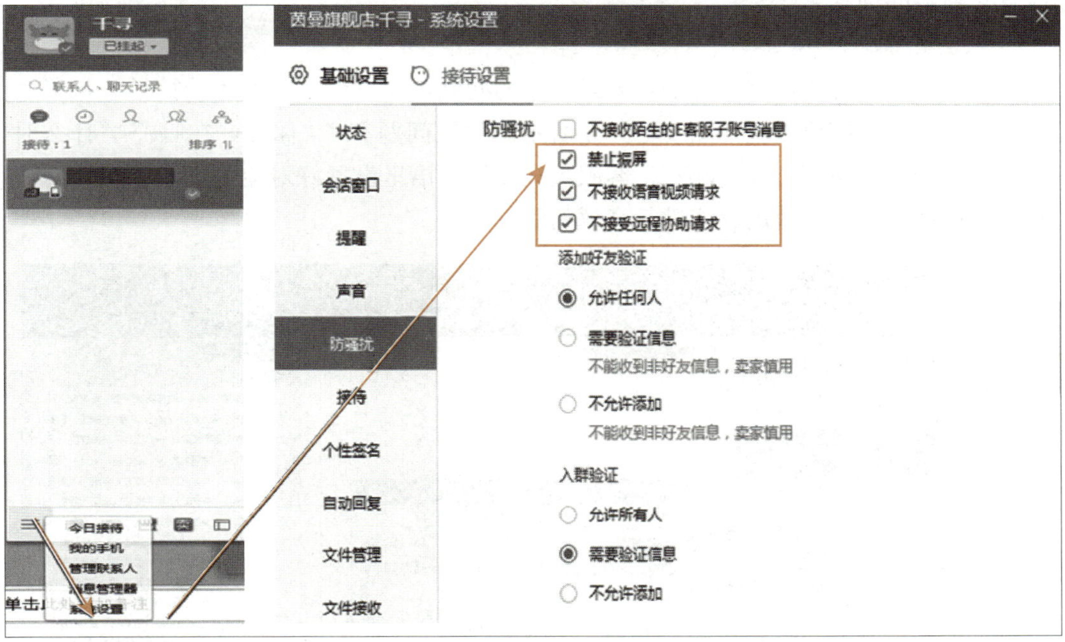

图 2-3-4　具体系统设置

4. 自动回复设置

在高峰期，客服人员在繁忙之中无法即时回复客户消息时，可以通过设置千牛的自动回复解决上述问题，如图 2-3-5 所示。单击“自动回复短语”旁的“设置自动回复”，

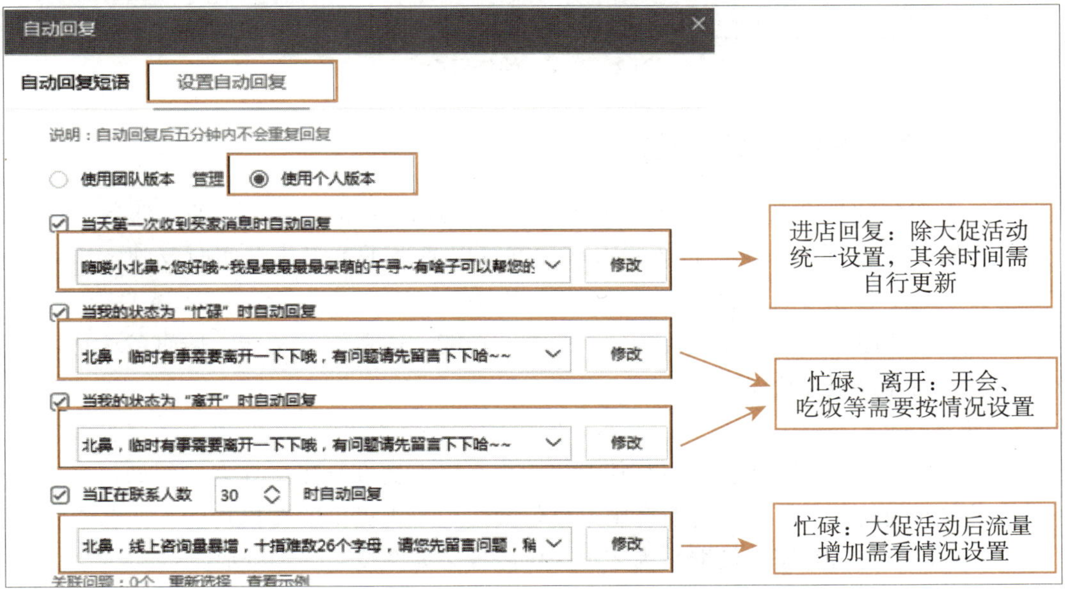

图 2-3-5　自动回复设置

勾选“当天第一次收到买家消息时自动回复”，单击倒三角，选择编辑好的话术即可。下面还有“忙碌”和“离开”状态下的自动回复设置窗口，客服人员在休息、吃饭或者下班的时候可以选择编辑好的对应话术，然后修改千牛的登录状态到对应的情况，系统就可自动回复客户的问询。

5. 快捷语设置

客服人员会经常遇到客户咨询相同或类似的问题，通过设置和使用快捷语，可以大大提升工作效率。快捷语设置如图 2-3-6 所示。常见问题有：“你好，在吗?”“什么时候发货?”“发什么快递?”“有货吗?”，客服人员在快捷语里设置好对应的话术，当客户咨询的时候，选择相应的快捷语就能进行高效的回复。

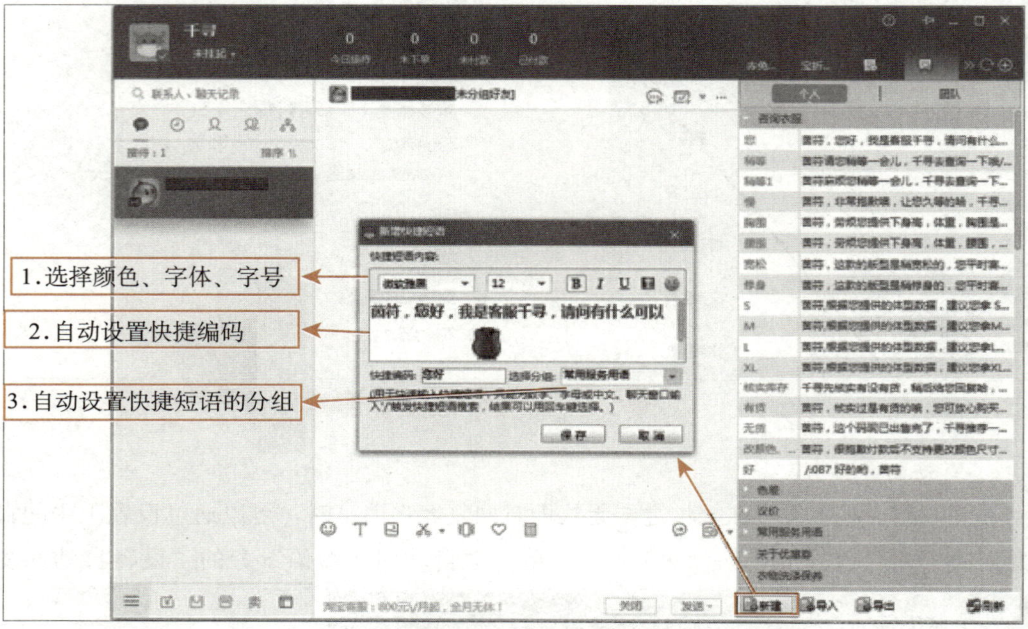

图 2-3-6　快捷语设置

三、千牛工作台的主要功能

千牛工作台的每个功能关系到客服人员能否快速回复客户，完成工作任务。客服人员接待人数、客户下单情况、付款状态等，都可以通过千牛工作台实时反映。千牛工作台实时数据如图 2-3-7 所示。

客服人员常用的主要功能有转接功能、查询功能、运费修改功能、插旗备注功能、退款查询功能和客户服务功能。

1. 转接功能

客服人员会根据需要将客户转与其他相应的客服人员进行接待处理。例如，客户请求处理售后方面的问题，接待的售前客服人员就会使用千牛提供的转接功能，把客户转给售后客服人员，由售后客服人员继续为客户提供服务，如图 2-3-8 所示。

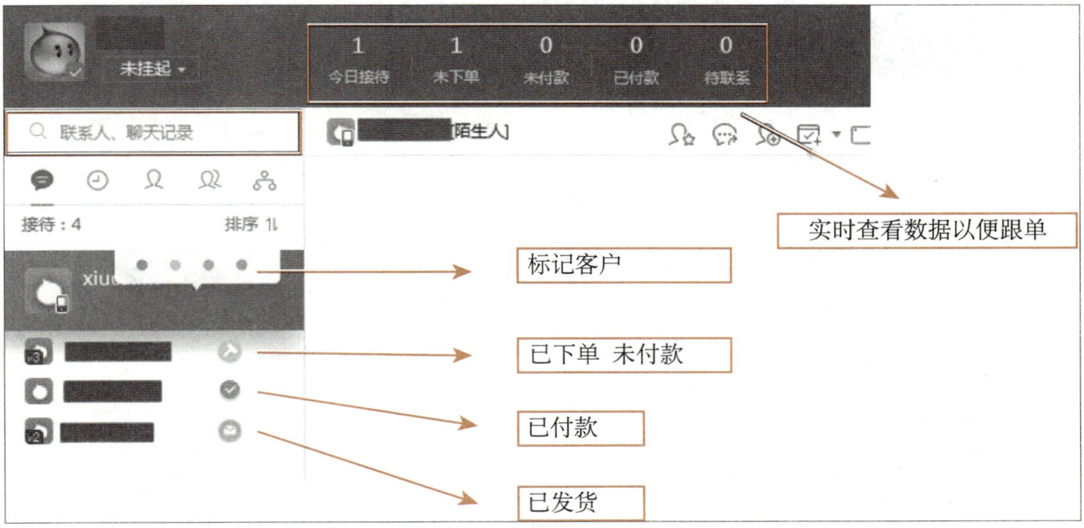

图 2-3-7　千牛工作台实时数据

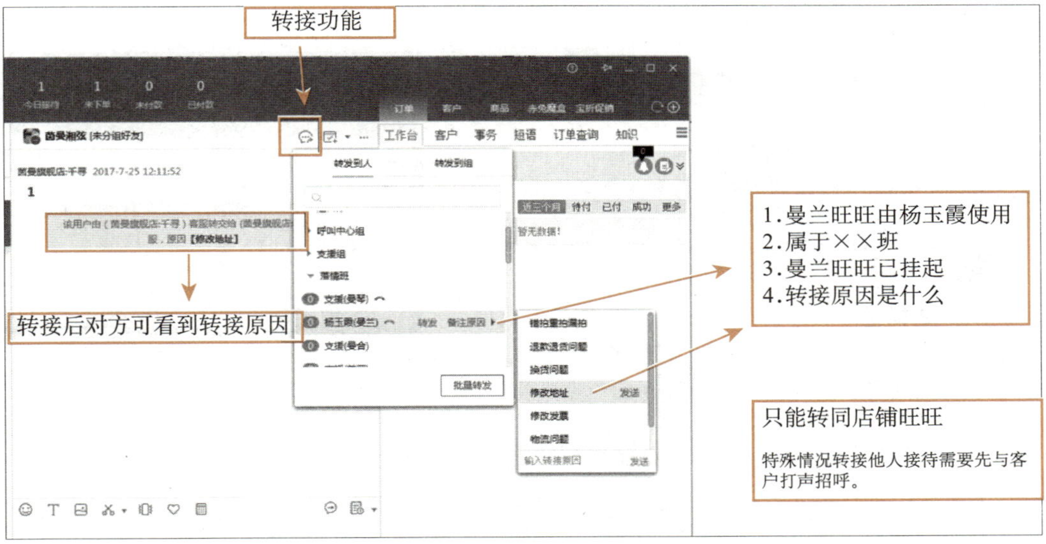

图 2-3-8　转接功能操作图

2. 查询功能

客服人员需要及时了解客户信息，如订单信息、客户等级、是否为会员、是否已实名认证、拥有多少张优惠券以及优惠券使用期限等。这些信息都可以通过千牛工作台的查询功能进行查询，如图 2-3-9 所示。

3. 运费修改功能

很多一线的客服人员没有修改商品价格的权限，但可以修改运费。运费修改功能是为实现客服人员修改运费而开发的。客服人员可以根据客户的实际情况，合理修改订单运费，如图 2-3-10 所示。

4. 插旗备注功能

千牛工作台的插旗备注功能非常关键。备注需要谨记的四要素为时间、原因、结果、

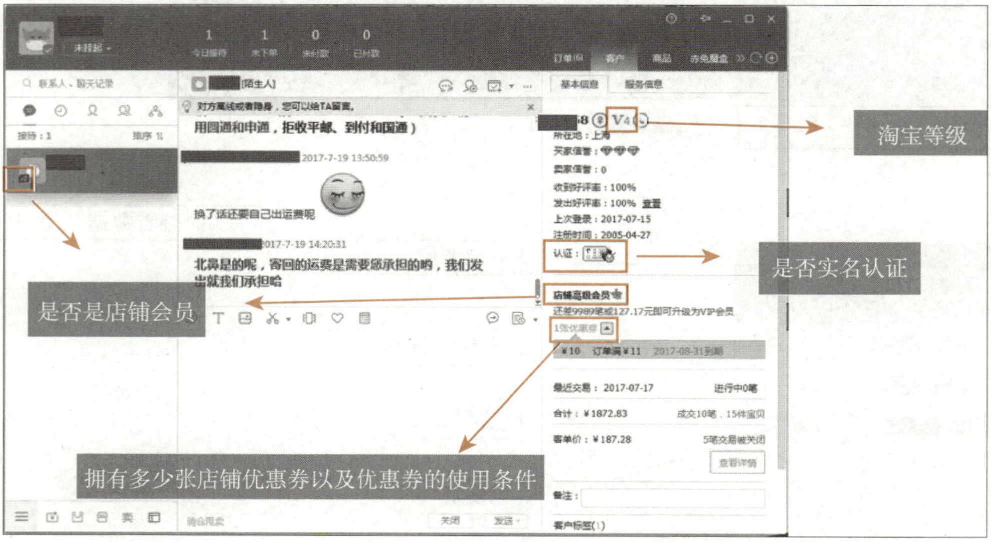

图 2-3-9 查询功能

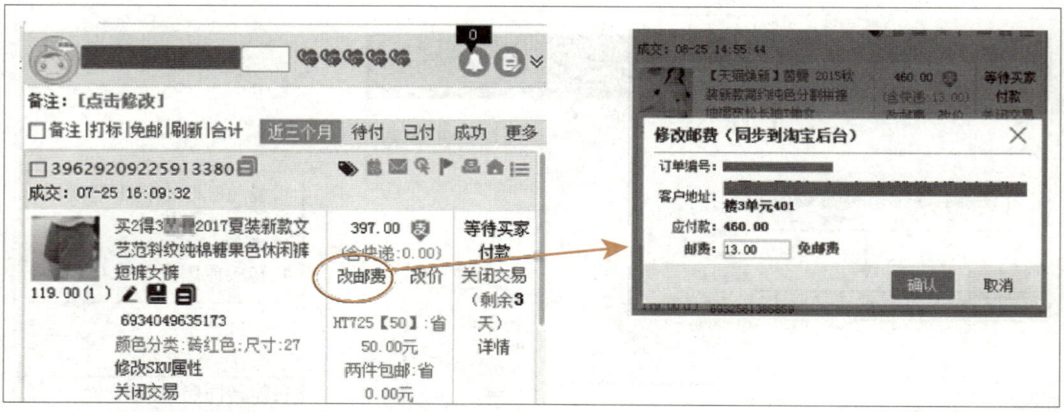

图 2-3-10 运费修改功能

处理人。插旗的颜色有红、黄、绿、蓝、紫五种颜色，客服部门可以根据业务类型的不同，分配不同的颜色进行标注。例如，五种颜色备注信息为：红色是售前订单，黄色是呼叫中心拨打电话，绿色是货到付款，蓝色是售后问题，紫色是疑难问题，如 2-3-11 所示。

5. 退款查询功能

退款查询通常发生在售中或者售后。客服人员需要查询退款编号、退款申请时间、退款类型、退款状态、退款金额、退款原因、退货运单号、物流公司。如果订单状态是交易成功，客服人员只能到后台查看退款状态，如图 2-3-12 所示。

6. 客户服务功能

客户服务功能可以帮助客服人员管理客户，这一功能记录了客服人员的工作成果。客服人员可通过此功能对客户进行分类管理，成为客户的专属客服，提升客户的忠诚度。客户服务功能界面，如图 2-3-13 所示。

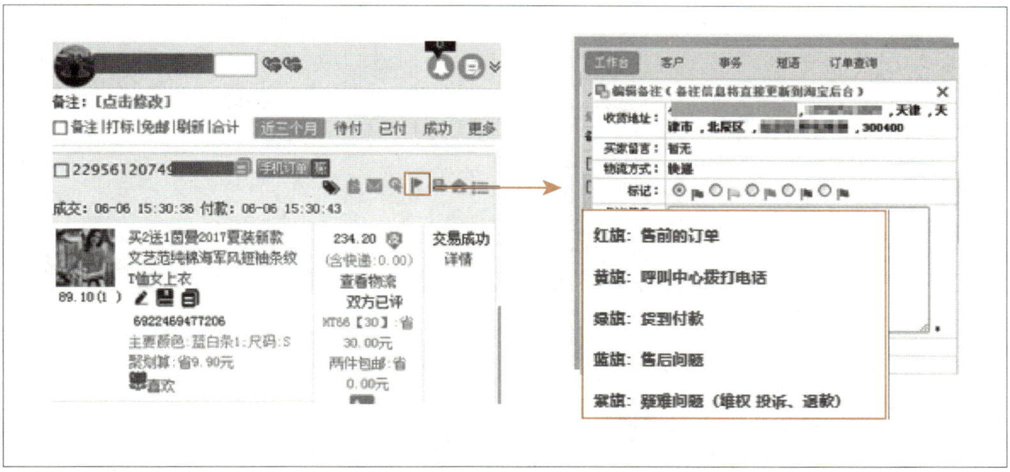

图 2－3－11　插旗备注功能

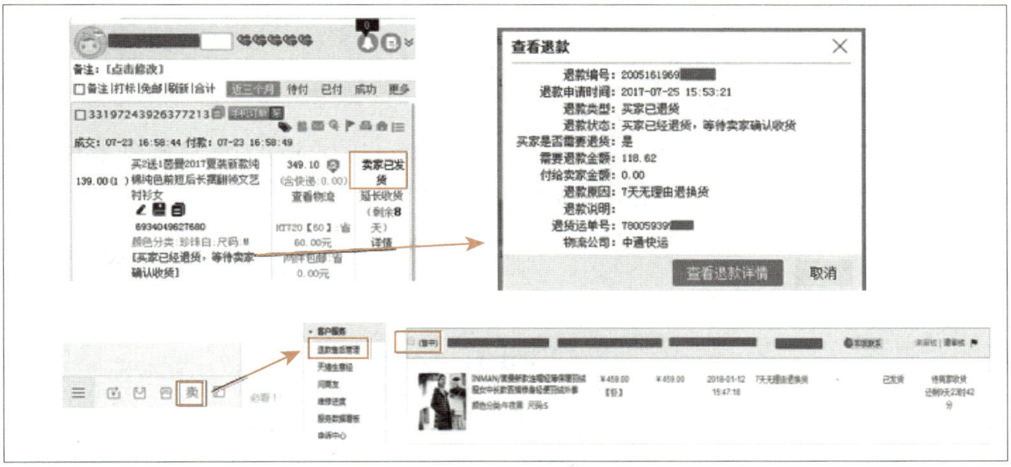

图 2－3－12　退款查询功能

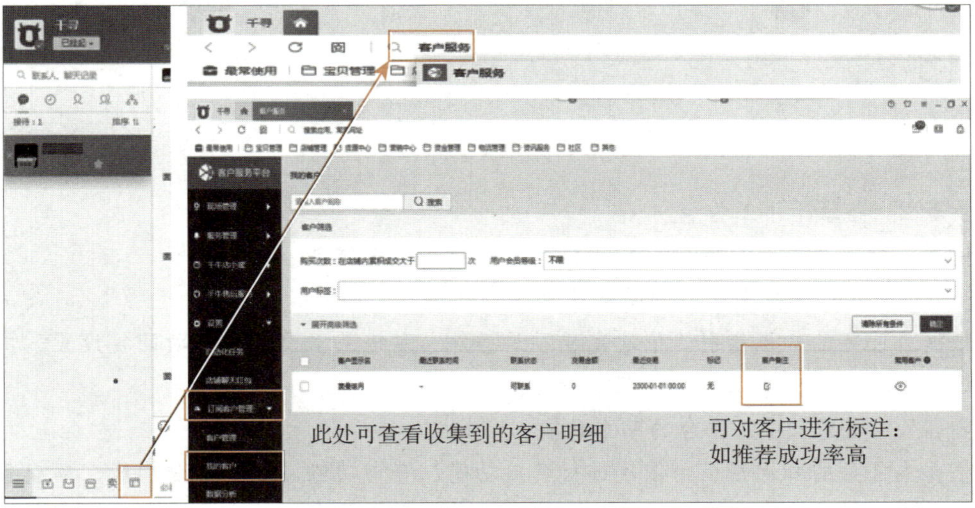

图 2－3－13　客户服务功能界面

任务实施

一、任务名称

熟悉千牛工作台的功能与设置

二、任务目标

通过千牛工作台，结合本任务的相关知识，掌握客服沟通工具的使用方法和技巧。

三、任务流程

任务流程如图 2-3-14 所示。

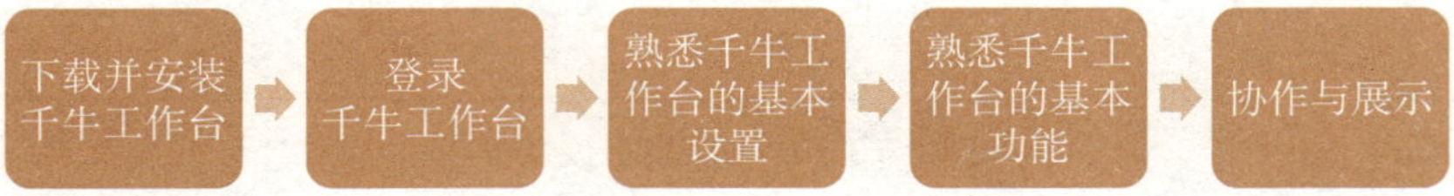

图 2-3-14　任务流程

四、任务步骤

步骤 1　下载并安装千牛工作台

访问千牛工作台的官方网站（https：//work.taobao.com），根据操作系统的类型，选择合适版本的千牛工作台进行下载并安装，如图 2-3-15 所示。

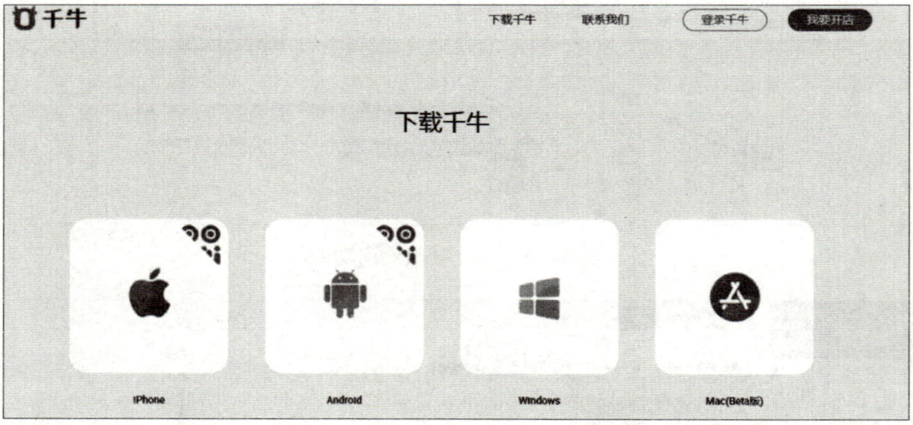

图 2-3-15　下载千牛工作台

步骤 2　登录千牛工作台

使用淘宝账号（会员名/邮箱/手机号）登录千牛工作台。

步骤 3　熟悉千牛工作台的基本设置

根据本任务的知识指引，依次完成添加插件、系统基本设置、自动回复设置、快捷语设置等操作，熟悉千牛工作台的基本设置。

步骤 4　熟悉千牛工作台的基本功能

根据本任务的知识指引，依次进行转接功能、查询功能、运费修改功能、插旗备注功能、退款查询功能、客户服务功能的设置，熟悉千牛工作台的基本功能。

步骤 5　协作与展示

以小组协作的形式，介绍与展示千牛工作台的基本设置与功能。

课后思考

1. 什么是千牛工作台？
2. 客服人员需要掌握千牛工作台的哪些常用功能？

任务四　熟悉电子支付

任务情景

通过任务三的学习，小明掌握了客服沟通工具的功能与使用方法。销售业绩是客服人员工作考核关键绩效指标中的重要指标，这与客户是否交易成功直接相关。引导客户下单并成功支付，是客服工作的重要内容。因此，熟悉支付方式是客服人员的基本要求之一。

本任务以淘宝网支付体系为例进行电子支付的介绍，帮助小明更有效地完成客服岗位工作，提升岗位绩效。

任务目标

知识目标：

1. 认识电子支付系统的构成。
2. 认识电子支付系统的支付模式。
3. 熟知淘宝平台的支付方式。

能力目标：

掌握淘宝平台的支付流程和方法。

素质目标：

树立正确的职业价值观，培养诚信经营的职业准则。

思政园圃

党的二十大报告提出“提高全社会文明程度”要求，做到“弘扬诚信文化，健全诚信建设长效机制”。诚信是一个人的立身之本，也是维护市场经济秩序的重要原则。市场主体讲诚信，可以降低交易成本、促进公平竞争、增强经济活动的可预期性、提高经济效率。在支付过程中，电商经营者要自觉追求诚实守信的经营理念，做到真挚诚恳、信守承诺、等价交换、平等公正、互利互惠。

知识介绍

"客服二维码"骗局

一、电子支付的基础

电子支付系统是指由提供支付服务的中介机构、管理货币转移的法规以及实现支付的电子信息技术手段共同组成的，用来清偿经济活动参加者在获取实物资产或金融资产时所承担的债务的系统。即把新型支付手段（包括电子现金、信用卡、借记卡、智能卡等）的支付信息通过网络安全传送到银行或相应的处理机构，来实现电子支付。

1. 电子支付系统

电子支付系统是实现网上支付的基础，基于互联网的电子交易支付系统由客户、商家、认证中心、支付网关、客户银行、商家银行和金融专用网络七个部分组成。

（1）客户。客户一般是指利用电子交易手段与商家进行电子交易活动的单位或个人，其通过电子交易平台与商家交流信息，签订交易合同，用自己拥有的网络支付工具进行支付。

（2）商家。商家是指向客户提供商品或服务的单位或个人。在电子支付系统中，它必须能够根据客户发出的支付指令向金融机构请求结算，这一过程一般是由商家设置的专门的服务器来处理的。

（3）认证中心。认证中心是交易各方都信任的公正的第三方中介机构，它主要负责为参与电子交易活动的各方发放和维护数字证书，以确认各方的真实身份，保证电子交易整个过程安全稳定。

（4）支付网关。支付网关是完成银行网络和因特网之间的通信、协议转换，进行数据加、解密，保护银行内部网络安全的一组服务器。它是互联网公用网络平台和银行内部的金融专用网络平台之间的安全接口，电子支付的信息必须通过支付网关进行处理后才能进入银行内部的支付结算系统。

（5）客户银行。客户银行是指为客户提供资金账户和网络支付工具的银行，在利用银行卡作为支付工具的网络支付体系中，客户银行又被称为发卡行。客户银行根据不同的政策和规定，保证支付工具的真实性，并保证对每一笔认证的交易付款。

（6）商家银行。商家银行是为商家提供资金账户的银行，因为商家银行是依据商家提供的合法账单来工作的，所以又被称为收单行。客户向商家发送订单和支付指令，商家将收到的订单留下，将客户的支付指令提交给商家银行，然后商家银行向客户银行发出支付授权请求，并进行它们之间的清算工作。

（7）金融专用网络。金融专用网络是银行内部及各银行之间交流信息的封闭的专用网络，通常具有较高的稳定性和安全性。

2. 支付模式

电子支付系统的发展方向是兼容多种支付工具。但目前各种支付工具之间存在较大差异，分别有自己的特点和运作模式，适用于不同的交易过程。目前，我国主要存在四种模式：支付网关型模式、自建支付平台模式、第三方垫付模式、多种支付手段结合模式。

（1）支付网关型模式。支付网关型模式是指一些具有较强银行接口技术的第三方支付公司以中介的形式分别连接商家和银行，从而完成商家的电子支付的模式。第三方支付公司包括网银在线、上海环讯、北京首信等，它们只是商家到银行的通道，而不是真正的支付平台，它们的收入主要是与银行的二次结算获得的分成，一旦商家和银行直接相连，这种模式就会因为附加值低而最容易被抛弃。

（2）自建支付平台模式。自建支付平台模式是指由拥有庞大用户群体的大型电子商务公司为主创建或由它们自己创建支付平台的模式，这种模式的实质是以所创建的支付平台作为信用中介，在买家确认收到商品前，代替买卖双方暂时保管货款。这种担保使得买卖双方的交易风险得到控制，主要解决了交易中的安全问题，容易保持消费者的忠诚度。采用自建支付平台模式的企业有淘宝网、eBay易趣、慧聪网、贝宝等。这种支付平台主要服务于母公司的主营业务，其发展也取决于母公司平台的大小。

（3）第三方垫付模式。第三方垫付模式是指由第三方支付公司为买家垫付资金或设立虚拟账户的模式。它通过买卖双方在交易平台内部开立的账号，以虚拟资金为介质完成网上交易款项支付，这样的公司有99bill、Yeepay等。

（4）多种支付手段结合模式。多种支付手段结合模式是指第三方电子支付公司利用电话支付、移动支付和网上支付等多种方式提供支付平台的模式。在这种模式中，客户可以通过拨打电话、发送手机短信或者使用银行卡等形式进行电子支付。

二、淘宝平台的支付方式

淘宝平台的支付方式有支付宝余额支付、余额宝余额支付、银行卡快捷支付、网银支付、信用卡支付、花呗分期支付、他人代付、货到付款，如图2-4-1所示。

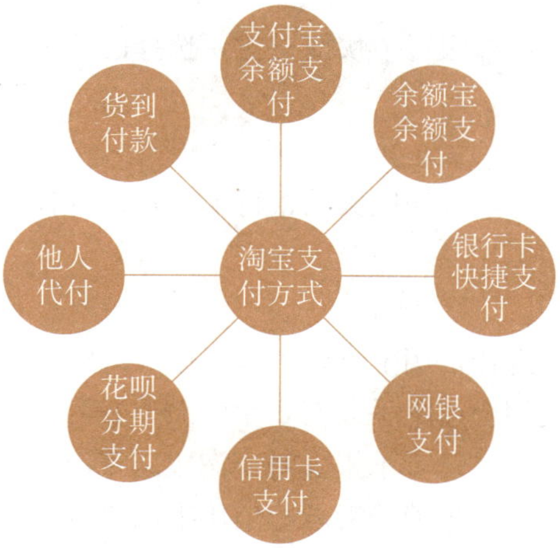

图2-4-1　淘宝平台常见支付方式

1. 支付宝余额支付

支付宝可以绑定银行卡支付，当账户余额大于订单金额时，可以默认使用支付宝余额支付。选择支付宝余额支付，只要输入支付密码就可以完成付款，如图 2－4－2 所示。

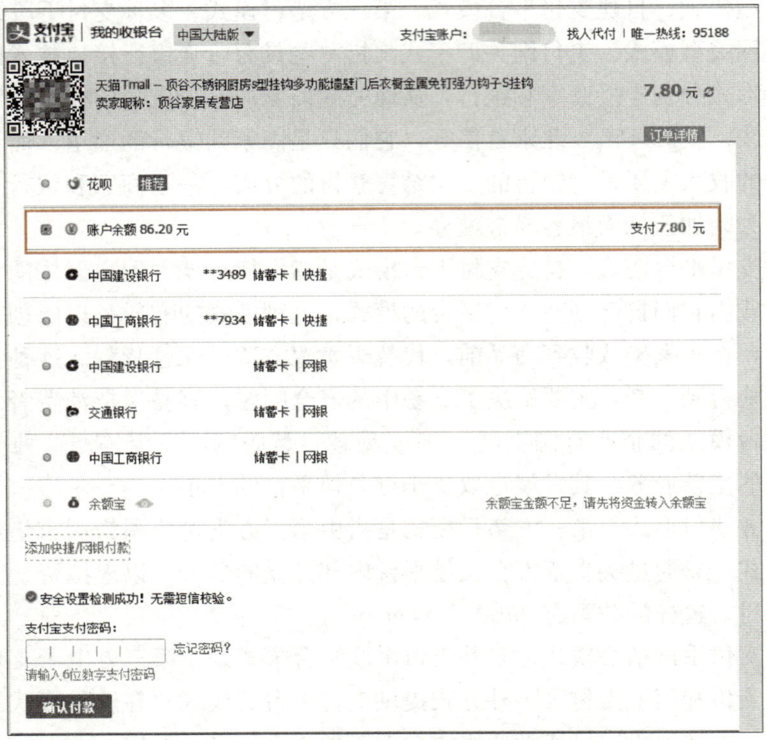

图 2－4－2　支付宝余额支付

2. 余额宝余额支付

在选择付款方式页面，选择余额宝余额支付，只有账户余额大于订单金额才可以选择，选择之后，输入支付密码完成付款。

3. 银行卡快捷支付

在选择付款方式页面，选择银行卡快捷支付，选择已经绑定快捷支付的银行卡，输入支付密码完成支付。

4. 网银支付

网银支付，指的是使用已经开通网银的银行卡支付。选择已经开通网银的银行卡，输入支付密码完成支付。

5. 信用卡支付

在选择付款方式页面，选择信用卡支付，选择已经绑定快捷支付的信用卡，输入支付密码完成付款。信用卡的使用会产生手续费，手续费是信用卡支付的订单金额的 1%。在天猫平台，该项费用由平台内经营者承担。对于淘宝店家而言，可以自主选择是否开通信用卡支付服务。如果没有开通，由消费者承担信用卡的手续费；如果淘宝店家已开通此项服务，由淘宝店家承担该项手续费。在客户选择信用卡支付时，客服人员需要与客户充分沟通，避免产生纠纷。

6. 花呗分期支付

花呗分期支付是由蚂蚁花呗联合天猫、淘宝卖家共同推出的赊购服务。本月付，确认收货后的次月 9 日或 10 日再还款。蚂蚁花呗根据用户的综合情况，提供相应的资金额度。客户还可以选购支持花呗分期的商品，选择分期期数，在确认收货后的账单日形成当期账单，在还款日前进行还款即可。购买商品时的花呗分期选择如图 2-4-3 所示。

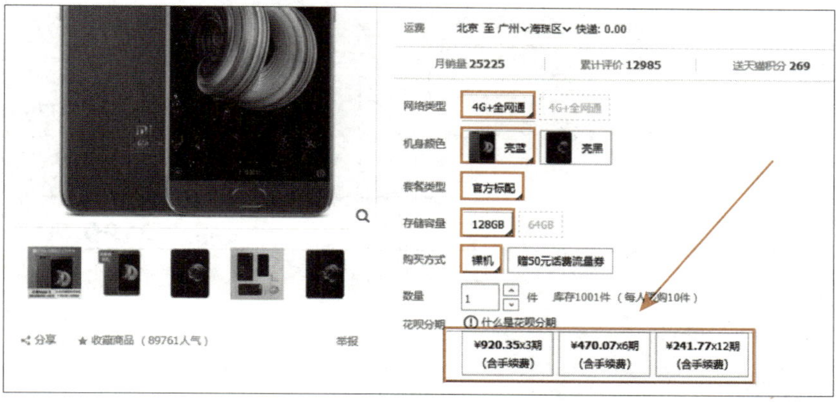

图 2-4-3　购买商品时的花呗分期选择

7. 他人代付

他人代付是指在下单交易付款前，客户可以选择找朋友（他人）帮忙支付货款，如图 2-4-4 所示。目前，手机淘宝找朋友帮忙付款有发送给微信好友、发送给支付宝好友、发送给通讯录好友、当面扫码四种方式。

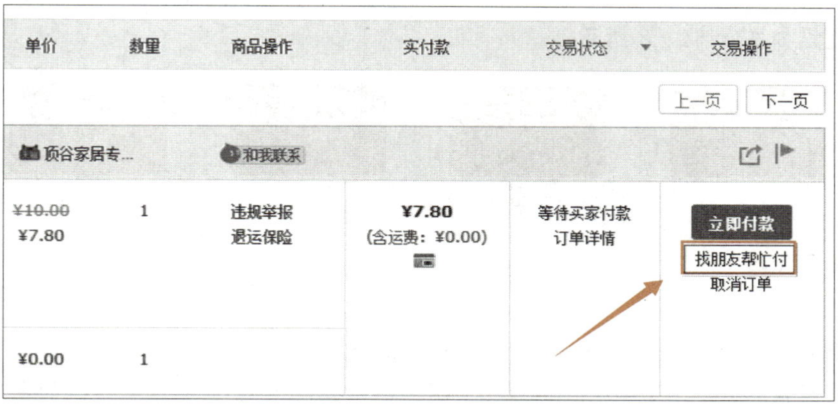

图 2-4-4　他人代付

支付宝的亲密付也有类似功能。亲密付可以绑定两个账号，例如 A 账号有钱，可以给 B 账号开通亲密付，设定消费限额。然后 B 账号在购物消费时，会显示亲密付方式，只要不超过额度，A 账号可以替 B 账号直接付钱，A 账号会收到消费信息提示。

8. 货到付款

经营者开通货到付款服务功能，客户在付款时才能选择货到付款方式，如图 2-4-5 所示。

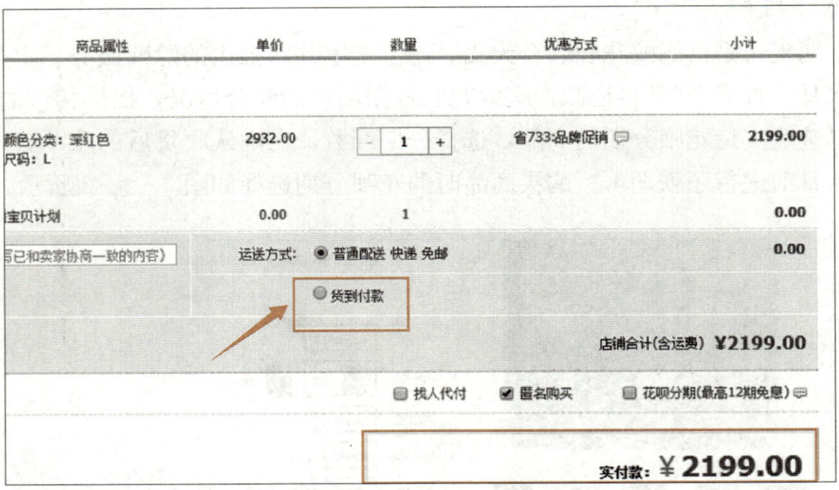

图 2-4-5　货到付款

任务实施

一、任务名称

熟悉淘宝网支付方式

二、任务目标

根据在淘宝网站的购物过程，结合本任务的相关知识，熟悉电子支付的流程。

三、任务流程

任务流程如图 2-4-6 所示。

图 2-4-6　任务流程

四、任务步骤

步骤 1　登录淘宝网站

该步骤的目的是让学生认识淘宝网站及其访问方式。

在浏览器输入网址：http://www.taobao.com/，即可访问淘宝网，如图 2-4-7 所示。单击“登录”，输入账号、密码，或手机淘宝扫描二维码即可登录。

步骤 2　选购商品

挑选一种心仪的商品进行下单，如图 2-4-8 所示。

步骤 3　熟悉支付方式

认识支付页面提供的支付方式，结合本任务的相关知识，熟悉支付方式。

步骤 4　协作与展示

以小组协作的形式，介绍与展示常用的支付方式。

图 2-4-7　淘宝网站

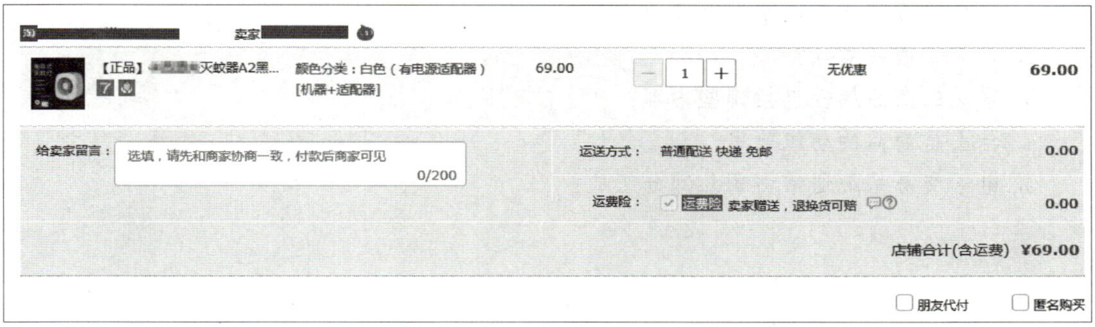

图 2-4-8　选购商品

课后思考

1. 什么是电子支付系统？
2. 我国主要存在哪些支付模式？
3. 淘宝平台支持哪些支付方式？

项目习题

一、填空题

1. ________是单位和个人在购销商品、提供或接受服务，以及从事其他经营活动中所开具和收取的业务凭证。

2. 商品特色的要点有：定位、________、属性、功能效用及使用保养。

3. 商品________是与竞品相比的差异化。

二、选择题

1. 以天猫平台为例，不当获取使用信息的，天猫可删除被泄露的信息或要求会员消除影响，并视情节轻重进行处理。情节严重的，每次扣（　　）分。

A. 2　　B. 4　　C. 6　　D. 8

2. 商品定位包括对商品品种、档次、（　　）、服务等方面的定位。

A. 品质　　B. 价格　　C. 来源　　D. 材质

3. 千牛工作台是一款由（　　）官方研发的网络客服工作平台。

A. 字节跳动　　B. 京东　　C. 腾讯　　D. 阿里巴巴

4. （　　）可以解决高峰期客服在繁忙之中无法即时回复客户消息的问题。

A. 自动回复　　B. 禁止禁屏

C. 不接收远程协助请求　　D. 添加插件

5. （　　）可以帮助客服人员管理客户。

A. 自动回复功能　　B. 客户服务功能　　C. 快捷语功能　　D. 添加插件功能

三、简答题

1. 售后客服需要重点掌握哪些规则？
2. 什么是商品卖点？
3. 常见的商品属性包括哪些内容？
4. 什么是商品的功能效用？
5. 电子交易系统通常由哪几部分组成？

项目三

售前服务与管理

项目概述

售前服务是商家在客户未接触商品之前所开展的一系列刺激客户购买欲望的服务工作。售前服务的主要目的是协助客户做好购买规划和商品需求分析，使商品能够最大限度地满足客户需要。售前客服是指在客户购买商品之前，明确商品定位，为客户提供商品信息的解答，引导客户购买商品的客户服务。售前客服人员接待人数庞大、工作压力较大，合理的流程安排能够保证工作有条不紊地进行。

本项目我们将从热情接待、商品推荐、议价处理、订单催付、礼貌送客等售前服务的核心内容开始，深入了解售前客服的工作步骤，分析工作流程中的注意事项，总结工作中的经验，这些都有利于客服人员的快速成长。同时我们将对大量的售前服务案例进行剖析，整理出相关的实用销售技巧和话术，这对于客服人员开展售前服务工作是非常有意义的。

任务一 热情接待

任务情景

根据教学安排，小明进入了某电商公司进行顶岗实习，他的实习岗位是售前客服。为了培养新人，公司安排工作经验丰富的老李作为小明的师傅，对其进行“传帮带”。老李和小明说：“准备一下，明天我们一起正式接待客户，我们先来学习有关接待客户的方法。”小明马上拿出笔记本，用心倾听老李的经验分享，认真记录。

任务目标

知识目标：

1. 了解售前服务的岗位工作。

2. 认识售前服务的工作流程。

3. 认识热情接待的重要性。

能力目标：

掌握热情接待客户的方法与技巧。

素质目标：

培养售前客服的职业认同感，提升服务意识。

思政园圃

党的二十大报告提出“深入实施人才强国战略”，要求“引导广大人才爱党报国、敬业奉献、服务人民”。作为售前客服人员，也需要做到敬业奉献、真诚服务客户。热情接待是打动客户的第一步，努力时刻保持热情的接待态度，有助于为事业带来幸福感，并最终收获成功。

知识介绍

“最美客服人”的法宝

一、售前服务的基本概念

售前服务是企业在客户未接触商品之前所开展的一系列刺激客户购买欲望的服务工作。在整个营销和销售系统链条中，售前服务是营销和销售之间的纽带，作用至关重要，不可忽视。售前客服人员要充分掌握商品的特性和特点，熟悉活动的规则，了解客户的心理，用优质的服务激发客户的购买欲望，为完成企业的销售目标做好准备。售前服务的内容多种多样，主要是提供信息、市场调查预测、产品定制、加工整理、提供咨询、接受电话订货和邮购、提供多种方便服务等。

二、售前服务的工作流程

售前接待客户一般有七个步骤，分别为：招呼、询问、推荐、议价、核实、道别、跟进，如图 3-1-1 所示。

招呼 ➡ 询问 ➡ 推荐 ➡ 议价 ➡ 核实 ➡ 道别 ➡ 跟进

图 3-1-1 售前接待客户步骤

1. 招呼——及时答复，礼貌热情

（1）主动。当客户来咨询时，客服人员应主动打招呼，如“您好，欢迎光临!”，让客户有亲切的感觉。如果只回一个字“在”，则让客户感觉态度冷漠，导致订单流失。

（2）热情。除了主动，还要热情。不要客户问一句，客服人员才回答一句。客服人员可以根据具体的情况，热情主动地接待客户。同时，可以运用幽默的话语和沟通工具中的动态表情来调节交谈的气氛，让客户感受到客服人员的热情和亲切，这对促成交易的成功是很有帮助的。

（3）及时。当客户来咨询的时候，客服人员要第一时间给予快速回复。因为客户购买东西往往都会货比三家，可能同时会与多家店铺的客服人员进行联系，这时候哪家店铺的客服人员第一时间回复，就占了先机。

小知识

电商企业对客服人员的响应时间一般要求如下：

（1）当最大同时接待人数少于 15 人时，首次响应时间不能超过 3 秒，平均响应时间不能超过 20 秒。

（2）当最大同时接待人数为 15～35 人时，首次响应时间不能超过 6 秒，平均响应时间不能超过 30 秒。

（3）当最大同时接待人数为 35～80 人时，首次响应时间不能超过 15 秒，平均响应时间不能超过 40 秒。

（4）当最大同时接待人数超过 80 人时，首次响应时间不能超过 30 秒，平均响应时间不能超过 60 秒。

2. 询问——热心引导，认真倾听

通过引导的方式，了解客户的需求。当客户还没有目的性，不知道自己需要买什么型号、款式的商品时，客服人员可以根据客户的需求向其推荐。当询问的商品刚好缺货时，客服人员如果直接回复客户没货，容易导致客户失望而转去其他店铺购买，如此便失去一个推荐商品的良好的机会。此时，客服人员可以婉转地进行引导："真是不好意思，这款卖完了，我们这里有刚到的其他新款，推荐给您，请了解一下吧！"。

3. 推荐——体现专业，精确推荐

通过询问交流，了解客户的信息，然后向客户进行推荐，这体现了一名售前客服人员的专业水平。推荐要以合适为标准，最贵的并不代表是最合适的，要让客户感受到客服人员的专业性。用心为客户推荐商品，提出建议，让客户感受到客服人员的专心与热情。当遇到缺货情况时，客服人员可以向客户及时推荐价格相近、款式相仿的商品，这样既可以让客户买到满意的商品，也为店铺增加了一次交易机会。

4. 议价——以退为进，促成交易

在明码标价坚持不议价的情况下，适当给予优惠或送小礼品可以满足个别客户追求更加优惠的心理。如果客户觉得商品价格过高，可以顺着客户的意思，承认自己的商品的确是贵，但是要委婉地告诉客户不要只关注价格，还要看商品的材质、工艺、包装、服务等。当话语很长的时候，不要一次性发送很多，因为客户没有耐心看大段文字，可以一行为一段发送，这样就不会让客户等太久，也方便客户阅读。

5. 核实——及时核实，信息确认

当客户拍下商品后，客服人员应及时核实客户的地址、电话等个人信息是否准确，还

需要特别关注客户的备注留言，做好登记备忘，避免错发、漏发等情况，尽可能减少售后不必要的麻烦和纠纷。

6. 道别——热情道谢，欢迎再来

无论成交与否，客服人员都要表现得大方热情。特别是因为议价失败没有成交的客户，应让其了解经营者不议价的经营模式。但这不意味着客户本次没有成交，今后就不会再光临。相反，如果客服人员诚恳热情、商品质量有保障、店铺服务优质，客户再购买的概率是非常大的。在成交的情况下，客服人员需要热情道谢，欢迎客户再次光临。

7. 跟进——及时沟通，解决问题

（1）订单跟进。客服人员需要对拍下来未付款的交易及时跟进，在适当时间与客户及时沟通核实，了解未付款的原因，及时备货，以便促成交易。

（2）物流跟进。首先及时查看订单物流有没有疑难件，及时跟进查询，发现问题要第一时间通知客户说明情况，避免因物流产生售后的纠纷。如果接到客户反馈物流停止更新，要记录 ID 进行跟踪处理，做到对客户负责。即使遇到不可避免的物流问题，让客户感受到客服人员是用心为他处理，往往可以化解很多纠纷。

三、热情接待的重要性

热情接待是形容客服人员友善、主动、大方地迎接客户的到来。热情接待是售前客服工作的第一步，起着非常重要的作用，体现在以下三个方面：

1. 留住客人

客服人员想要赢得客户的认可，一定要做到热情地接待客户，这样才能够给客户留下深刻的印象。客服人员热情、主动、及时、礼貌的接待，是为成交做好铺垫的重要一步。

2. 购买决策

无论是线上还是线下，沟通交流都影响着客户的购买决策。站在买卖双方沟通的角度看，客服人员的沟通方式和技巧直接决定着销售是否能够成功。双方沟通交流过程中的内容、规则、用词和语气等都属于沟通方式。客户的购买广度和深度直接受到客服人员和客户之间沟通质量的影响，包括问题回复的速度、相关性、频率和持续时间等，这些要素都直接影响着客户的购买行为。

3. DSR 评分

作为 DSR 评分中的一大板块，客服的重要性也是显而易见的。做好客服工作，可以提高客户对产品的认知，避免因各种原因导致的中差评。高质量的服务不仅仅只是促进交易，还可以让客户心甘情愿地留下好评。

四、热情接待的方法与技巧

热情接待是一门技术，特别是在网上接待客户，客服人员与客户没有面对面，互相看不到对方的面部表情，仅凭语言很难揣摩对方的想法。客服人员在网上接待客户时必须要注意一些特别的技巧，具体包括礼貌用语、言简意赅、围绕主题、尊重客户、耐心回答，如图 3-1-2 所示。

图 3-1-2　热情接待的方法与技巧

动画微课
接待技巧

1. 礼貌用语

作为客服人员，在网络上接待客户，必须使用礼貌用语。“良言一句三冬暖，恶语伤人六月寒”，在网络世界，客服人员和客户无法面对面交流，那么就要特别注意交流用语。语言是联系客户的特殊纽带，一句简单的礼貌用语，能给客户带来受尊重的感觉。

小知识

日常接待中常用规范用语：

（1）称呼用语：“您”。

（2）尊敬用语：“您好”“请问”“麻烦您”“不好意思”“请稍等”“非常抱歉”“感谢”。

（3）迎客用语：“欢迎光临”“很高兴认识您”“希望能让您满意”。

（4）服务用语：“很高兴为您服务”“我能为您做的是……”。

2. 言简意赅

客服人员应注意语言的简洁性，与客户交流时应言简意赅，语言少又切合主题，以免让客户产生语言疲劳和视觉疲劳。

3. 围绕主题

客服人员在网上接待客户，接待沟通的话题一定要围绕主题，不要偏题，这样不利于达成意向，更甚者会引起客户的反感。

4. 尊重客户

尊重客户，才能得到客户的尊重。一次完美的接待沟通，要建立在相互尊重的基础上，每个人都希望得到他人的尊重，客服工作也不例外。在接待客户的过程中，尊重客户是必不可少的。

5. 耐心回答

客服人员在工作过程中，应保持热情诚恳的工作态度。在做好解释工作的同时，要语气缓和，不急不躁。当遇到客户不懂或很难解释的问题时，要保持耐心，一遍不行再解释一遍，直到客户满意为止。当遇到客户抱怨时，如果客服人员能耐心了解原因，妥善处理客户的不满，能有效提升客户的忠诚度。

任务实施

一、任务名称

接待客户训练

二、任务目标

通过情景模拟，结合本任务的相关知识，训练接待客户的方法及技巧。

三、任务流程

任务流程如图 3-1-3 所示。

图 3-1-3　任务流程

四、任务步骤

情景模拟：

小王是三皇冠级别女鞋店铺 UUK 的售前客服人员，该店铺创立于 2011 年，拥有 50 万粉丝，全店满百元包邮（国内非港澳台地区），支持七天无理由退换货。该店铺正在进行大促活动，除在首页可以领取一张满 200 元减 30 元优惠券外暂无其他优惠活动。

请根据步骤进行情景模拟，为小王编写合适的话术，热情接待客户。

步骤 1　进店迎客

第一印象至关重要，力求让顾客感受到店铺的热情服务，为之后的成交打下基础。

进店迎客的话术：

步骤 2　介绍店铺

可以适当向新顾客进行店铺介绍，帮助顾客快速建立信任感。

介绍店铺的话术：

步骤 3　介绍近期活动

向顾客告知近期店铺的活动内容，可以起到促进销售的作用。

介绍活动的话术：

步骤 4　补充其他事项

介绍其他事项的补充说明，如商品保养说明、邮费说明、退换货说明等。

步骤 5　回答顾客疑问

顾客提出问题，客服进行回答。

如：请问消费满 100 元有优惠吗？优惠券是满 200 元减 30 元，那我消费满 100 元可以减 15 元吗？

步骤 6　协作与展示

以小组协作的形式进行情景再现，介绍与展示接待客户的过程。

课后思考

1. 什么是售前客服？
2. 简述售前接待客户的流程。
3. 热情接待的重要性主要体现在哪些方面？

任务二　商品推荐

任务情景

小明在老李的带领下承担售前客服工作已有一段时间，他基本熟悉了售前客服工作的流程，但是仍然只能完成客服工作中最基本的问答工作，无法主动进行商品推荐，客单价一直很低，客服绩效不理想。为了提高绩效，小明虚心向老李请教关于商品推荐的方法和技巧。

本任务我们一起来学习商品推荐的方法、商品关联销售、客户心理分类以及客户性格类型的相关知识，为胜任商品推荐工作打好基础。

任务目标

知识目标：

1. 认识商品推荐的方法。
2. 认识商品关联销售。
3. 熟悉客户的心理分类。
4. 熟悉客户的性格类型。

能力目标：

掌握商品推荐的方法和技巧。

素质目标：

树立良好的职业素养，培养积极主动的工作态度。

思政园圃

党的二十大报告提出，“加快发展数字经济，促进数字经济和实体经济深度融合”。数字时代的今天，商品推荐不再拘泥于传统的面对面形式，而更多使用线上销售的方式，这非常考验每位售前客服人员的能力，除了要对商品信息了如指掌，积极主动地推荐给客户，还要提升数字素养，掌握更多的数字信息技术。客服人员只有不断学习、开拓进取，才能跟上时代的步伐。

知识介绍

高情商客户沟通技巧

一、商品推荐的方法

在电商平台上，客户与客服人员互不相见，一定程度上使得客户对客服人员的信任度不高，而且客服人员对客户的需求也不明确，这导致客服人员向客户推荐商品的难度要比线下实体店大得多。因此，客服人员需要掌握一定的商品推荐方法。

1. 了解购买用途

客户购买这款商品的理由是什么？这是客服人员在做售前服务时应该思考的问题。客服人员可以从使用时间、使用地点、使用人群等多个角度去了解和分析客户购买用途。以女鞋为例，分析客户购买用途及推荐理由，如图 3-2-1 所示。

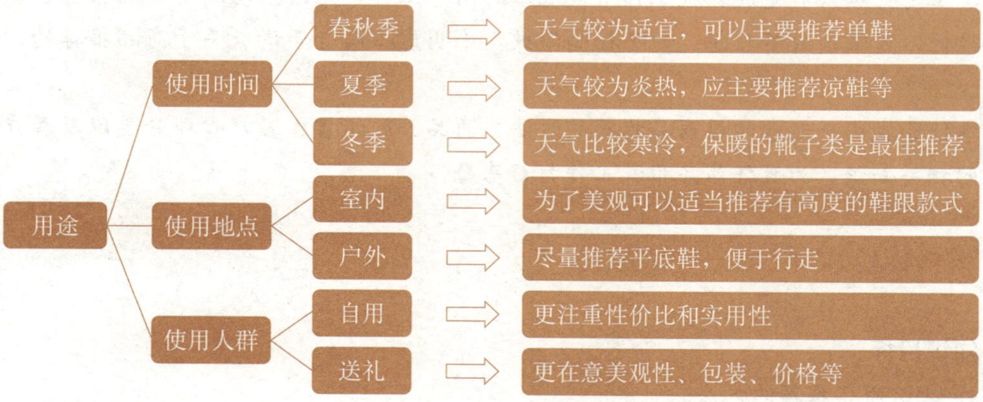

图 3-2-1　女鞋购买用途分析及推荐理由

2. 了解特殊需求

了解特殊需求，侧重了解客户对于商品的期待效果。客户的需求各不一样，对准备购买的商品的期待也不同。例如，女性购买女鞋的时候，有可能需要品牌产品，有可能需要牛皮材质，甚至有可能需要非常高的鞋跟以实现特殊效果等。因此，客服人员在推荐商品的时候，需要对客户的需求进行详细的了解。

动画微课

商品推荐

3. 介绍商品细节

客服人员在做售前接待的时候，需要从多个角度向客户对产品细节进行介绍。为客户介绍商品，要求客服人员事先准备好商品的信息材料，认真了解和熟悉商品，对商品有全面的了解。例如，客服人员可以从鞋型、材料、鞋底材质、正面效果、侧面效果、背面效果、上脚效果等多方面向客户做介绍。

4. 突出商品优点

客服人员在做销售推荐工作时，一定要善于发掘商品的优点，把握好商品的优势，着重展示商品可以给客户带来的功效和作用，这样更容易打动客户，促进成交。如女鞋店客服人员，可以强调店里漂亮的鞋子能使客户看起来更加精致美丽；鞋子柔软的材质可以让客户在穿着时感觉舒适；真皮的鞋里上脚以后还可以根据客户的脚型进行细微的包脚调整，让鞋子与脚更加贴合等。

5. 重视关联销售

关联销售就是寻找商品的关联性，在互利共赢的基础上，实现交叉营销，为客户实现深层次、多方位的引导。关联销售是提升客单价的一个非常实用的技巧。在客户下单选购时，客服人员可以再尝试推荐该商品的周边商品，也可以把组合销售的商品推荐给客户，以此激发客户的需求，实现关联销售。

二、商品关联销售

一般情况下，客户咨询客服人员并成功购买商品后，交易就完成了。但优秀的客服人员在了解客户的需求后，会根据客户确定购买的商品去分析一下这位客户还有哪些自己没有想到的需求，然后去询问客户。通常情况下，客户会再选择一些关联商品。客服人员通过商品推荐可以帮助客户快速锁定所需商品，提高服务效率，促进成交；也可以利用关联销售技巧，关联更多客户所需的商品，提高客单价。

这个环节中的客服人员大致分为三种类型：忽略推荐、盲目推荐和善于推荐。

1. 忽略推荐

忽略推荐类型的客服人员在工作流程中能了解到客户需求，但因缺乏销售技巧，整个推荐过程显得简单、机械和生硬，无法做到真正提高交易转化率，让客户感觉存在硬性推荐嫌疑，客户心里会产生抵触甚至反感，进而出现跳失。该类客服人员认为还不如顺从客户的想法，直接进行有效答疑更为稳妥，慢慢地就忽略了商品推荐这样一个重要的流程。

2. 盲目推荐

盲目推荐类型的客服人员，同样因为工作技巧不得法，经过一系列推荐动作后，客户依然我行我素，只买自己需要的。不过这类客服人员有着坚持不懈的工作心态，依然要保证服务流程的完整性，不懈地进行推荐，而不去寻找失败的根本原因。

3. 善于推荐

善于推荐类型的客服人员可谓优秀的售前客服人员。他们绝对不会忽视这个更有利于提高交易转化率和快速提升客单价的过程。这类客服人员成功的秘诀在于：在与客户的沟通中，能够真正领悟到客户所需，加上平日积累的销售技巧，形成一个完整的闭环，不仅提升了客单价，而且大大降低了店铺的运营成本。

想要更好地提升客单价、提高店铺的营业额，客服人员需要做的就是关联销售。其本质就是在交易双方互利互益的基础上，将店铺中与客户所购买商品具有关联性的商品销售给客户，实现销量和客单价的提升。关联销售除了可以提升客单价，还可以提高交易转化率、降低推广成本、增加商品曝光率，以及测试商品等。所以，面对这一环节，一位优秀的客服人员绝不会掉以轻心和轻易放弃。

当客户拍下商品前来咨询的时候，客服人员可以顺势推荐其他商品，同时推荐其他商品可以享有的优惠。以护肤产品为例，当客户购买了一套护肤品以后，可以看看客户订单里的品种是否齐全、搭配方式是否合理，然后询问客户相关问题，比如，现在使用的是什么护肤类产品。如果客户平常没有卸妆意识，那么可以向她推荐一些卸妆产品，并告知卸妆的好处。

三、客户的心理分类

从心理学角度出发，客户购买商品时希望通过购买商品和服务来获得解决问题的方法和愉快的感受。他们在购买商品时除了本身的物理需要之外，还有购买商品的心理出发点。客户是营销的核心，在电子商务竞争日益白热化的时代，抓住客户就是抓住了商机。客户购买商品的心理类型可以概括为以下八类：

1. 求美心理

此类型的客户对商品的品质与外观的要求较高，是完美主义者。

2. 求新心理

此类型的客户一般比较前卫，容易接受新鲜的事物，追求时尚。

3. 廉价心理

此类型的客户以追求物美价廉为主要目的，他们非常关注商品的性价比。

4. 便利心理

此类型的客户讨厌烦琐复杂的购物流程，喜欢简便、快捷。

5. 服务心理

此类型的客户比较注重别人对他的态度，客服人员一定要热情、耐心地对待这类客户。

6. 疑虑心理

此类型的客户常怀疑虑，事后容易后悔。在商品推荐时，需要突出商品的质量有保障，当遇到问题时有完善的服务。

7. 从众心理

此类型的客户喜欢从众，例如，亲戚朋友买过某种商品，容易刺激这类客户的购买欲望，跟风购买。

8. 安全心理

此类型的客户很注重产品的安全性能。在推荐商品时，一定要推荐质量可靠的、信誉度高的商品。

客服人员应从客户心理的角度出发，站在客户的角度去分析他们的购物取向，认识、学习不同的客户心理，从而让自己的服务方向更加明确、目的性更强。售前客服人员要成功地推荐商品，就需要熟知客户的心理，只有了解客户的心理活动特点，才能让自己的推销更有针对性。切合客户的需要，面对客户的不同心理状态，客服人员要掌握不同的应对方法。

四、客户的性格类型

客服人员在工作中会遇到各种性格的客户，只有把握好客户的性格类型，才能有效地进行商品推荐。客户的性格类型主要分为：急躁型、犹豫型、健谈型、博学型、自我型、精明型、怀疑型、沉稳型、理智型、随意型、牢骚型、依赖型，如图 3－2－2 所示。

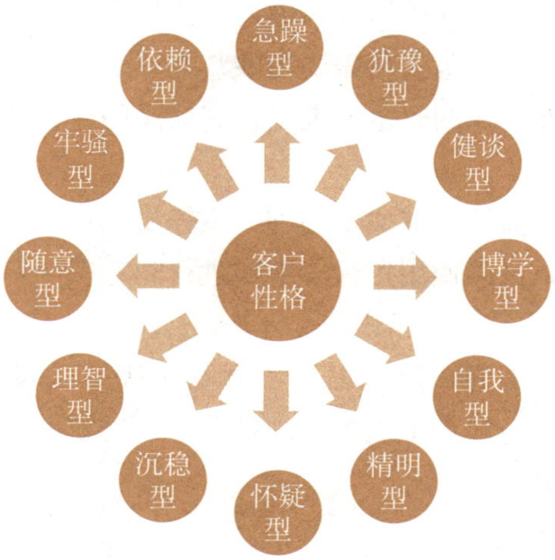

图 3－2－2　客户的性格类型

1. 急躁型

急躁型客户，在心理学上被归为胆汁质类型，其特点是脾气大、易怒、缺乏耐性等。在接待急躁型客户时，客服人员的沟通态度要慎重，不能随便套近乎，响应速度要快，切莫让客户等得不耐烦。

2. 犹豫型

犹豫型客户表现为对商品有疑虑，思来想去，难做购买决定。对于犹豫不决的客户，客服人员如果不能正确地处理和解决，不仅白白浪费了口舌，还可能因此流失客户。因此，客服人员必须要重点说明产品性价比以及能给客户带来的利益，并排除其抵抗心理，只要其心中有安全感，就有可能推荐成功。

3. 健谈型

健谈型客户表现为爱说话，他们的谈话内容可分为两种：一种是对客服人员及商品本身的驳斥和怀疑；另一种是自我吹嘘。其实，健谈型客户无非是发泄内心的不满，寻求击败对方的满足感，甚至为一时之乐而畅所欲言，淋漓尽致地表现自己，凡事喜欢自作主张。健谈型客户灵活性高，情感易变，兴趣广泛。他们会接连不断地讲话，有时也会跑题，说些与商品无关的话题。他们的表现欲很强，思维也很敏捷。在接待此类型的客户时，客服人员需要耐心聆听，并抓住机会适当引导客户进入商品相关话题，记得一定要掌握主动权，但是不能强逼客户接受。

4. 博学型

博学型客户表现为知识与见识丰富。客服人员需要对客户的学识适当加以赞赏，分析客户的兴趣爱好，推荐合适的商品。千万不要班门弄斧，以免适得其反。

5. 自我型

自我型客户表现为自我优越感强。客服人员需要耐心倾听客户的诉求，并顺应其自我意识，在适当的时候征询他的意见，认同他的观点。话术可以是："如果这样……，就更加完美了"，用建议吸引客户的注意。

6. 精明型

精明型客户表现为理智、合理的消费，他们习惯货比三家，常会与其他店铺的商品进行对比。接待此类型的客户，客服人员需要巧妙恭维，表达对客户的判断能力和讨价能力的赞赏。需要注意给客户面子，同时也要突出自家商品的性价比，以促成销售。

7. 怀疑型

怀疑型客户表现为有较强的防卫戒备心理，不轻易相信他人。客服人员接待此类型的客户时，要注意避免争论，可以使用逻辑和事实进行耐心引导，解除客户心中的戒备。

8. 沉稳型

沉稳型客户往往比较好沟通，但是迟迟不做购买决定。客服人员接待此类型的客户时，应当重点突出商品卖点与客户个人特质的符合性，透露商品受欢迎度高，暗示限量供应，以饥渴式销售促成交易。

9. 理智型

理智型客户表现为喜欢自己做主，善于比较，不喜欢别人过多地介入。客服人员在接待此类型的客户时，应尊重客户的意愿，多夸奖和肯定客户的眼光，从专业的角度对商品的特征进行补充说明。

10. 随意型

随意型客户表现为没有明确的购买目标，往往愿意听取他人建议，不会过于挑剔。客服人员在接待此类型的客户时，需要注意了解客户的需求，多站在客户角度推荐合适的商品，不宜过多推荐，适可而止。

11. 牢骚型

牢骚型客户表现为爱发牢骚，容易发泄情绪。客服人员在接待此类型的客户时，需要找到困扰客户情绪的根源，摸清客户的底线，然后对症下药。千万不要受客户牢骚的影响，而扰乱正常的工作状态。

12. 依赖型

依赖型客户表现为很容易依赖别人，需要他人帮助做出购买决策。客服人员在接待此类型的客户时，应在了解客户需求的情况下，尽最大努力帮客户解答疑虑，争取客户的信任，然后阐述商品的优点，站在客户角度推荐合适的商品，以便更好地满足客户的需求。

任务实施

一、任务名称

商品推荐训练

二、任务目标

通过情景模拟，结合本任务的相关知识，训练商品推荐的方法及技巧。

三、任务流程

任务流程如图 3-2-3 所示。

图 3-2-3　任务流程

四、任务步骤

情景模拟：

小明是三皇冠级别女鞋店铺 UUK 的售前客服，该店铺创立于 2011 年，拥有 50 万粉丝，全店满百元包邮（国内非港澳台地区），支持七天无理由退换货。店铺最近正在进行“双十一”大促活动，除在首页可以领取一张满 200 元减 30 元的优惠券外，暂无其他优惠活动。

请根据步骤进行情景模拟，为小明的商品推荐工作编写合适的话术：

步骤 1　进店迎客

根据情景设置，为小明设计热情接待客户的话术：

步骤 2　了解客户需求

设计了解客户需求的话术，以判断客户的购买心理：

步骤 3　分析客户类型及特点

步骤 4　商品推荐

运用销售技巧进行商品推荐：

步骤 5　协作与展示

以小组协作的形式进行情景再现，介绍与展示商品推荐的过程。

课后思考

1. 客服人员进行商品推荐一般有哪些方法?
2. 客户购买商品的心理一般有哪些类型?

任务三 议价处理

任务情景

在工作过程中，小明会遇到客户议价的情况，这让他十分为难，不知道该如何妥善应对。小明虚心向老李请教关于议价处理的方法和技巧。

本任务我们一起来学习议价及议价处理的含义、议价处理的方法、议价常见应对话术的相关知识，为进行议价处理打好基础。

任务目标

知识目标：

1. 理解议价及议价处理的含义。
2. 认识议价处理的常用方法。
3. 熟悉议价常见的应对话术。

能力目标：

掌握议价处理的方法和技巧。

素质目标：

培养社会主义核心价值观，提升应对突发问题的处理能力。

思政园圃

党的二十大报告要求“以社会主义核心价值观为引领，发展社会主义先进文化”。“和谐”是社会主义核心价值观的基本内容之一。孔子用“德不孤，必有邻”来阐述“礼”的精髓；塔吉克诗人鲁达基用“智者追求善良与和平，愚者才醉心争吵和战争”来阐释“仁义”精神。面对议价的客户，售前客服人员需要拿出最好的耐心，积极面对，与客户和平沟通，避免对立争吵。

知识介绍

一、议价及议价处理

如何应对顾客讨价还价

议价是指客户在购买商品过程中，对价格进行反复讨论，讨价还价。

议价处理就是当客户提出议价的时候，客服人员通过运用适当的方法和技巧，让买卖双方各取所需，最终彼此感到满意，促成交易的过程。

售前客服人员在工作中一定要明确，与客户的关系不仅是买与卖的销售服务关系，还应该是推荐与分享的朋友关系。客服人员一旦与客户建立起彼此信赖的朋友关系，推荐和销售商品就会得心应手。作为客服人员，切记不能与客户对立。当客户议价时，客服人员即便内心反感，也要耐心地与客户进行沟通，切不可把不满的情绪暴露出来。要做到热情礼貌，积极面对；不要争辩，倾听为主；认真听取客户的诉求，适时认同客户的合理建议。

二、议价处理的方法

在接待客户过程中，客服人员经常会遇到客户议价的情况。每当这个时候，新客服都会感到束手无策，不知该如何处理。有经验的客服人员一般都会有一套自己的处理方法，如赠送礼品、商品比较、价格细分、转移关注、转移定价、突出特点、赞美客户、适当诉苦、举例说明、沟通感情等，如图 3－3－1 所示。

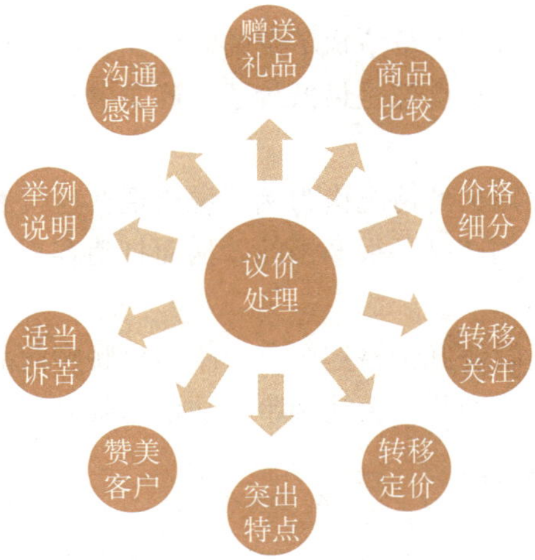

图 3－3－1　议价处理的方法

1. 赠送礼品

面对一直纠缠价格问题的客户，客服人员可以根据店铺情况适当地赠送一些小礼物，要突出赠品的价值，从而转移客户在商品价格上的预期。在这里需要注意的一点是，不要一开始就承诺赠送礼品，这样会显得礼品本身的价值过低。

2. 商品比较

对不同品牌和不同售卖时期的商品进行对比，告知客户现在是优惠期，现在的价格是最合适入手的。

3. 价格细分

将商品拆分为更细小的单元，告诉客户小单元的价格非常便宜。例如，一瓶 99 块钱的钙片，客服人员可以告知客户一瓶中有 100 粒，每天只需要吃 1 粒，每天花费 0.99 元就可以为健康提供帮助，让客户感觉物超所值。

4. 转移关注

当遇到客户纠结价格的时候，不要与客户一直陷在价格的问题里出不来，客服人员可以把客户向商品本身的价值、性价比、店铺服务上引导，说服客户停止议价，将客户的关注点指向商品本身的价值和优点。

5. 转移定价

在客户纠结价格的时候，如果实在没有让价空间，则可以告知客户：商品价格是公司根据市场销售情况统一制定的，客服人员没有更改价格的权力。

6. 突出特点

当客户面对价格犹豫不决时，客服人员需要主动出击，不要被动地等待客户，要帮客户做决定，突出商品的优点，比如商品有运费险、质量有保障等，让客户安心。

7. 赞美客户

当客户由于价格原因迟迟不下单时，客服人员可以赞美一下客户的眼光，间接提醒客户看中的商品非常适合他，促使客户下单。其实客服人员只要掌握了议价心理方面的技巧，促成订单并不难。

8. 适当诉苦

当客户在为一个价位与客服人员争执不下的时候，客服人员可以给客户发送一些痛苦的表情，借用表情告诉客户，这已经是最低价了，确实没有议价空间了，请求客户理解。

9. 举例说明

举例说明是把其他客户购买的情况作为例子说给现在这位客户听，让客户看到销售数据，让他知道自己将要购买的产品是很畅销的，从而打消客户对价格的疑虑。

10. 沟通感情

当客户议价时，可以适时绕开价格这个点，跟客户聊聊商品的实用性，聊聊客户是给谁购买的，和客户进行情感沟通往往会达到事半功倍的效果。

三、议价常见应对话术

要想促成订单，需要多与客户沟通，越了解客户越容易促成订单。客服人员可以根据议价的类型来选择合适的方法处理客户的议价问题。客服人员常用的议价处理话术类型有：允诺型、对比型、武断型、优点型、同情型、借口型。

1. 允诺型——直接明价，顺便允诺

应用举例：

客户：太贵了，第一次来，你给我优惠点儿，我下次会再来买的，还会介绍朋友过来。

客服人员：非常感谢您惠顾小店。对于初次交易，我们都是这个价格，已经是新人优惠了。当然，在本次交易后您就是我们的老客户啦，以后您再次购买时，我们会根据订单的情况给予优惠。

2. 对比型——阐明价值观，尽力服务

应用举例：

客户：别人家的商品都比你家的便宜，你优惠点吧！

客服人员：亲，这件商品的价格可能让您觉得有点贵，但是我们家商品的性价比真的是很高的，衣服穿在您身上，您自己是能够感觉到不一样的，大多数客户成为我们家粉丝，都是冲着我们家商品的质量和服务来的呢！如果您选择了我们，也是您品位的体现啊！

3. 武断型——说明性价比，举例做对比

应用举例：

客户：其他的什么都好，就是价格太贵了！

客服人员：亲亲，您也知道好货不便宜。其实如果我们换个角度来看，最好的商品往往也是最便宜的，因为您第一次把商品买对了，就不用再花冤枉钱了，而且使用时间持久，带给您的体验也舒适，减少了很多售后麻烦。您觉得呢？

4. 优点型——阐明价格观点，突出商品优点

应用举例：

客户：就按我说的价格吧，如果可以我就拍下，不行我就去别家买了。

客服人员：亲，我们家都是自产自销，无论面料、做工、手感、外包装，都是严格按照高档精品来做的，保证质量，中间没有其他成本，价格已经是最实惠的了，实在没有办法再少了呢！如果您一定要走，我们真的感到非常遗憾。

5. 同情型——感同身受，互相体谅

应用举例：

客户：我还是学生呢，你就便宜点吧！

客服人员：现在我们的生意也难做呀！竞争太激烈了，我们这个月的销售还没有完成任务呢。我们大家都不容易，如果您再压价的话，我这个月就要以泪洗面了。请亲也体谅一下我们的难处吧！

6. 借口型——适度示弱，获得认同和体谅

应用举例：

客户：都是老客户了，再优惠点吧。

客服：您是我们的老客户了，对我们的商品是熟悉的。现在已经是促销价了，我是一名小客服，权力有限，真的没有办法更便宜了，实在是很抱歉呢，希望您能够理解！

小知识

客服人员经常会遇到希望给予优惠的客户，这种情况下可以用店铺优惠券来吸引客户。这样做有一个很大的好处，不仅不会因为拒绝客户的要求而让其感到不舒服，还能让客户按照优惠券的使用条件，尽可能多地在店铺进行购买，提升客单价。

网店的经营过程中，礼品的准备是必不可少的，千万不要吝啬于小礼品的赠送，小礼品的分量少、价格实惠，是在议价环节最好用的“挡箭牌”。客服人员在承诺为客户赠送礼品的时候，还可以对礼品保持神秘感，增加客户的好奇心。

任务实施

一、任务名称

议价处理训练

二、任务目标

通过情景模拟，结合本任务的相关知识，训练议价处理的方法及技巧。

三、任务流程

任务流程如图 3-3-2 所示。

图 3-3-2　任务流程

四、任务步骤

情景模拟：

小明是三皇冠级别女鞋店铺 UUK 的售前客服，该店铺创立于 2011 年，拥有 50 万粉丝，全店满百元包邮（国内非港澳台地区），支持七天无理由退换货。店铺最近正在进行“双十二”大促活动，除在首页可以领取一张满 200 元减 30 元的优惠券外，暂无其他优惠活动，但客户还想获得更优惠的价格。

请根据步骤进行情景模拟，为小明的议价处理编写合适的话术。

步骤 1　进店迎客

根据情景设置，为小明设计热情接待客户的话术：

步骤 2　分析客户诉求

该步骤的目的是分析顾客实际诉求。

步骤 3　店铺活动指引

该步骤的目的是让客户了解店铺活动，列出店铺的活动内容。

步骤 4　议价处理

根据本任务的相关知识，熟悉议价处理方法的运用。

步骤 5　协作与展示

以小组协作的形式进行情景再现，介绍与展示议价处理的过程。

课后思考

1. 什么是议价?
2. 在接待客户的过程中，有哪些常用的议价处理方法?

任务四　订单催付

任务情景

小明在工作中发现自己接待过的一些客户在拍下订单后长时间不付款，最终订单就流失了，他为此感到不解。为了解决这个问题，小明向老李请教应如何解决未付款订单。在老李的指导下，小明总结出了订单催付的一些实用方法，让自己的绩效又有了显著的提升。

本任务我们一起来学习催付的基本概念、未付款原因分析、催付解决办法和订单催付技巧的相关知识，为掌握订单催付相关内容打好基础。

任务目标

知识目标:

1. 理解催付的基本概念。
2. 了解客户未付款原因。
3. 认识订单催付的技巧。

能力目标:

掌握订单催付的方法和技巧。

素质目标:

培养健康的道德情操，树立正确的职业价值观。

思政园圃

习近平总书记曾指出:“国无德不兴，人无德不立。必须加强全社会的思想道德建设，激发人们形成善良的道德意愿、道德情感，培育正确的道德判断和道德责任，提高道德实践能力尤其是自觉践行能力。”作为客户服务人员，每天都会面对各种复杂的订单处理情况，难免遇到一些客户因为各种原因未能及时付款的情况。此时不能为了完成订单而忽视客户的感受和利益。我们要树立“客户至上”的服务理念，始终把客户的利益放在第一位。在催付时，需要注意语气和措辞，尊重客户的选择和意愿，避免给客户带来不必要的压力和困扰。

知识介绍

电商催付话术

一、催付的基本概念

催付是指客服人员在客户拍下商品后长时间没有付款的情况下而做出相应的提醒与沟通，以促成客户完成订单付款的工作。

客户在拍下商品后迟迟不付款，有可能是忘记了，也有可能是还存在其他的疑问，或者在考虑。这个时候就需要客服人员主动联系客户，了解原因并及时解决问题，使客户在订单自动关闭前去完成付款。催付工作是提高客服询单转化率最直接有效的办法。

小知识

消费者在网上购物时，对于不是很喜欢的商品，会在支付时犹豫，从而取消订单。有研究表明，在电商平台上没有选择立即付款的消费者约占成交量的80%，催付比不催付的最终付款成功率提高了至少15%。未付款顾客是非常精准的目标客户，只是由于某些原因，未完成付款环节。如果能有效催付，店铺的询单转化率将大大提升。

二、未付款原因分析

要促成客户完成未付款的订单，客服人员可以从聊天记录中分析客户未付款的原因，然后主动联系客户了解情况，提升催付的有效性。

1. 客观原因

从客观方面看，客户未付款的常见原因有以下几种：

（1）客户的支付宝、网银等支付工具余额不足。

（2）客户是新手，不懂支付的操作流程。

（3）网络或者上网设备出现故障。

（4）突然有事情，等空闲时再支付。

（5）错拍商品。

2. 主观原因

从主观方面看，客户未付款的常见原因有以下几种：

（1）犹豫商品的性价比。

（2）担心商品质量不过关。

（3）犹豫商品的季节性。

（4）担心发货与快递问题。

（5）担心售后服务。

三、催付解决办法

客服人员在与客户沟通后，需要分析判断客户未支付的原因，把握客户的心理情况，才能对症下药进行解决。未支付原因及解决方法，如表3-4-1所示。

表3-4-1　未支付原因及解决方法

序号	未支付原因	解决方法
1	客户的支付宝、网银等支付工具余额不足；网络或者上网设备出现故障；突然有事情，等空闲时再支付。	在第二天早上十点催付，主要是告知还未付款，提醒客户赶快付款等。
2	下错单或是用错账号拍下。	备注未成交客户或是关闭交易，防止重复催付引起客户反感，后续可以进行营销跟踪。
3	客户是新手，不懂支付的操作流程。	客服人员做细致的指引，一步一步指导客户完成交易。
4	犹豫商品的性价比；担心商品质量不过关；犹豫商品的季节性；担心发货与快递问题；担心售后服务。	下单60分钟内催付（举办活动期间为10分钟内），此时客户还在犹豫中，催付的内容主要是提醒下单成功，积极耐心解答，打消客户疑虑，促成付款。
5	重复拍，没有看清楚颜色或是数量等，然后又未关闭交易的情况。	如果客户的多笔订单中已经有支付的，那就不要再催付，以防客户反感。
6	对客服人员的服务不满意；对物流不满意，部分买家喜欢自选快递，拍下后卖家不提供自主选择快递功能。	加强客服岗位人员培训；尽量提供多家快递公司供客户选择，如果无法做到，应该跟客户解释清楚，取得客户谅解。

四、订单催付技巧

1. 催付时间

催付时间建议借鉴店铺的发货时间，这样可以通过发货时间来催付。如果发货时间是下午4点，那么催付的时间就应该在下午3点左右。一定不要在客户休息的时间进行催付，会影响客户休息而使客户产生厌烦的情绪。

2. 催付语言

客服人员在催付的时候要适当给出一点暗示，例如，早下单的商品能够得到优先发货的权益，80%以上的客户都是希望店铺能尽快发货的。

3. 催付次数

催付次数不能太多，客户拍下未付款1天之内的订单，要去询问客户是否有什么疑虑，耐心地解答，消除客户的疑虑。

4. 催付诱惑

如果条件允许，可以利用一些小赠品，对客户进行引导性的诱惑。赠品的吸引力通常还是比较大的，若遇到喜欢赠品的客户，那么交易成功的概率就会增加许多。

5. 催付方式及内容

针对不同的催付方式，应选择不同的催付内容，如图 3-4-1 所示。

电话催付：您好，请问是××先生/女士吗?这里是××店，我是客服小明，看到您在我们店铺拍下的××商品还没有付款哟，请问有什么需要我帮助的吗?

短信催付：××先生/女士您好，我是××店的客服小明，我们查询到您在我们店购买的××商品至今还没有完成付款，为不耽误您的商品收货时限，想请您查验一下，谢谢！如遇到任何问题，欢迎您随时联系我们。

千牛催付：××先生/女士您好，您在本店拍下的“商品+链接”还没有完成付款，请问是遇到什么问题了吗？如果有需要帮助的地方请一定告诉我哦！或者关于该商品您还有什么疑问吗？我很愿意为您解答！

图 3-4-1 催付方式及内容

任务实施

一、任务名称

订单催付训练

二、任务目标

通过情景模拟，结合本任务的相关知识，训练订单催付的方法及技巧。

三、任务流程

任务流程如图 3-4-2 所示。

分析未支付的原因 → 解决问题，促成支付 → 选择发送时间段 → 总结催付的重要性 → 协作与展示

图 3-4-2 任务流程

四、任务步骤

情景模拟：

小明是三皇冠级别女鞋店铺 UUK 的售前客服。现在店铺有不少未支付的订单，他需要向客户了解情况，及时开展订单催付工作。

请根据步骤进行情景模拟，为小明编写合适的话术，开展订单催付。

步骤 1 分析未支付的原因

联系客户，了解客户未支付的原因。设计与客户沟通的话术：

____

步骤 2 解决问题，促成支付

根据客户提出的问题，设计解决问题的话术：

____

步骤 3　选择发送时间段

该步骤的目的是让学生分析不同催付时间段催付可能出现的结果。

请思考两个催付时间段的差异，分析可能会出现的结果，填写表 3-4-2。

表 3-4-2　催付时间段分析

发送时间段	可能出现的结果	选择这个时间段的优势/劣势
上午 11 点 到中午 12 点		
中午 12 点 到下午 1 点		

步骤 4　总结催付的重要性

通过以上步骤的操作，请从客户反应、店铺收获两个方面总结催付对售前服务的重要性，填写表 3-4-3。

表 3-4-3　总结催付对售前服务的重要性

催付情形	售前服务工作中订单催付的意义
催付后客户正常付款	
没有催付，到时间后客户 订单自动关闭	

步骤 5　协作与展示

以小组协作的形式进行情景再现，介绍与展示订单催付的过程。

课后思考

1. 什么是催付？
2. 客户的订单未付款一般有哪些客观原因？
3. 客服人员在订单催付的时间方面需要注意什么技巧？

任务五　礼貌送客

任务情景

实习期快要结束了，经理看了近期小明和顾客的聊天记录，发现小明有一个很严重的问题，就是每次顾客咨询或者下单以后，小明就不再继续与顾客沟通了，没能做到善始善终，故他虽然接待了很多顾客，但是顾客满意度调查数据却一直不合格。对此，经理把小王的聊天记录调出来给小明借鉴，让他好好思考一下自己的问题所在。

小明仔细研究了小王的聊天记录，终于找到了问题所在。原来他每次接待完顾客，都没有做到礼貌道别，顾客产生了“客服人员在我买了东西后就马上不搭理人了”的感觉，心里很不高兴，在店铺满意度评价中就给出了对小明“不满意”的评价。

任务目标

知识目标：

1. 理解礼貌送客的意义。
2. 认识与已成交客户告别的要点。
3. 认识与未成交客户告别的要点。
4. 熟悉礼貌送客的注意事项。

能力目标：

掌握礼貌送客的方法和技巧。

素质目标：

树立社会主义核心价值观，培养礼貌待客的职业素养。

思政园圃

“人之相识，贵在相知；人之相知，贵在知心”，意思是人们互相认识，贵在能够相互了解；而人们相互了解，贵在能够了解到对方的心灵。客服人员从事售前工作，通过和顾客隔空文字交流，赢得顾客的信任并完成交易，在这个过程中，应本着一颗真诚礼貌的心去对待顾客，把他们当作朋友。礼貌告别是客服人员售前服务工作的最后一步，也是关键的一步。如果没有做到礼貌送客，会让顾客感到不被尊重，很有可能不再光顾。

知识介绍

送客要避免三个坏习惯

一、礼貌送客的意义

在客户完成商品订单后，客服人员要主动与客户告别，做到礼貌送客。这不仅能给客户带来良好的购物体验，更是为下一次交易创造良好的基础。客服人员做事要有始有终，在完成接待客户后，要有礼貌地与客户告别。在生活中与亲友告别，除了说“再见”，“到家给我发信息”这类叮嘱的话语显然不会缺少。在工作中同样需要如此，把客户当作朋友，与客户真诚地告别，在感谢客户光临的同时，给客户送上简单的祝福，让客户有一次愉快的购物体验。至此，完整的售前客服工作才可以结束。

二、与已成交客户的告别

交易成功，双方皆大欢喜。客服人员向客户告别时也要讲究礼貌，态度要诚恳，给客户留下一个好的印象，这对于建立长期合作关系有着相当重要的影响。与已成交客户的告别具体可从礼貌致谢、肯定客户、加强联系 3 个方面进行，如图 3－5－1 所示。

图 3－5－1　与已成交客户的告别

1. 礼貌致谢

销售成功，客服人员有了业绩，出于礼貌，客服人员要感谢客户的信任。在表达谢意时，客服人员应注意表现得体，过头和不及都不适宜。

2. 肯定客户

客户交易后，往往担心别人评论自己的不理性，有时决定购买之后却马上反悔。客服人员在交易达成后，应以适当的方式或语气赞美客户做了一个明智的决定，满足客户渴望被肯定和赞许的心理需求。

3. 加强联系

为了表示对客户的关心和负责，客服人员应主动引导客户完成以下操作：

（1）邀请客户对本次服务进行评价，倾听客户的建议，提高客户的购物体验。

（2）提醒客户收藏、关注店铺，这样不仅能为店铺积累粉丝，也能方便客户下次购买商品时快速找到店铺。

（3）邀请客户加入店铺群，提升老客户的日常活跃度。

（4）邀请客户添加客服号，加强与客户的黏性。

三、与未成交客户的告别

本次交易未成交，不等于今后不会再购买。“买卖不成仁义在”，虽然这次没有达成交易，但可以建立与客户的感情，至少也多认识了一名潜在客户，留给客户一个良好的印象，为赢得下次订单奠定基础。

1. 正确对待

客服人员需要用一颗平常心乐观地看待结果。针对未成交的客户，客服人员要快速回顾一下与客户的聊天记录，看看是哪个环节没有做好，导致客户不满意。是因为价格、款式、效果，还是因为客服人员没有引导好，再或是因为物流因素。通过分析、总结，积累沟通经验。客服人员需要向客户进行礼貌告别，以及引导客户进行相关的操作，以给客户留下专业、良好的印象：

（1）提醒客户收藏、关注店铺，便于接收商品上新和店铺活动的信息。

（2）邀请客户添加客服号，客服人员进行好友分组，便于及时群发上新和店铺活动的信息。

（3）新建任务跟进，设置时间提醒，主动通知客户上新和店铺活动。

2. 塑造形象

订单未成交，有些客服人员心中会感到沮丧，并在言语上有所流露。客服人员可以利用与客户告别的机会再一次塑造良好形象，为下次的接待和推荐铺平道路。客服人员应保持热情的态度，不要发泄不满，同时需要礼貌地与客户进行告别，加深客户的良好印象。

四、礼貌送客的技巧

1. 话术的运用

客户咨询后要离开时，客服人员需要制定一些相关的结束语向客户进行致谢，引导客户进行反馈和评价。

（1）致谢话术：

“很高兴这次为您服务，我已经开始期待与您的下一次见面啦！”

“今天跟您聊天非常愉快，很高兴我们店铺能有您这样有品位、有礼貌的顾客。”

“如果您没有其他问题，那小客服这边就先去接待其他顾客了。感谢您对我们店铺的喜爱和支持，祝您及家人生活愉快！”

（2）引导反馈话术：

“感谢您对我们的支持，我们会尽快帮您安排邮寄的。如果您在收到商品后满意的话，请您帮忙给一个全五星评价，您的满意对我们十分重要。如果您有任何的不满意，请您及时联系我们，我们一定帮您处理，您的满意是我们的动力，我们会尽力做到更好的！谢谢！”

“亲，请问还有其他可以帮助您的吗？特别荣幸能为您解答问题，也希望您对我的服务提出宝贵的意见，让我下次能更好地为您服务。您的满意是我们的动力，祝您生活愉快！”

2. 表情的运用

表情的合理使用可以帮助客服人员拉近与客户之间的距离，在线沟通最大的局限性就在于我们不能用表情、声音、手势等微观语言来表达我们的意思。客服人员想表达对客户购买商品的感谢之意，想表达对客户下次光临的热情欢迎，单单靠文字很难让客户感受到，而千牛沟通工具“告别”表情的使用很大程度上弥补了这一点。为礼貌性的告别话术配上可爱的告别表情，会给客户的购买之旅带来不一样的感受。礼貌送客时可以搭配的表情，如图 3－5－2 所示。

图 3－5－2　礼貌送客时可以搭配的表情

3. 礼貌告别时的注意事项

(1) 用语礼貌、亲切大度，要给客户留下好的印象。

(2) 有意向的客户可以加为好友，以备跟进。

(3) 给客户留出考虑的空间，告诉客户自己会耐心等待他做决定。

(4) 告别前可再适度努力，为下次交易谋求机会。

任务实施

一、任务名称

礼貌送客训练

二、任务目标

通过情景模拟，结合本任务的相关知识，训练礼貌送客的方法及技巧。

三、任务流程

任务流程如图 3-5-3 所示。

图 3-5-3　任务流程

四、任务步骤

步骤 1　设计告别的情景

设计客服人员与客户告别的情景（已成交和未成交）。

步骤 2　设计与已成交客户告别的话术

步骤 3　设计与未成交客户告别的话术

了解与分析未成交的原因，有针对性地设计相应的告别话术。

步骤 4　协作与展示

以小组协作的形式进行情景再现，介绍与展示礼貌送客的过程。

课后思考

1. 客服人员为什么要注意礼貌送客？

2. 对于已成交客户，客服人员应如何进行告别？

项目习题

一、填空题

1. 在整个营销和销售系统链条中，________是营销和销售之间的纽带。

2. ________类型客户一般比较前卫，容易接受新鲜的事物，追求时尚。

3. ________是指客户在购买商品的过程中，对价格进行反复争论，讨价还价。

4. ________是指客服人员在客户拍下商品后长时间没有付款的情况下，而做出相应的提醒与沟通，以促成客户完成订单付款的工作。

5. 当客户完成商品订单后，客服人员要主动与顾客告别，做到________。

二、选择题

1. （　　）是售前客服工作的第一步，起着非常重要的作用。

A. 商品推荐　　B. 热情接待　　C. 议价处理　　D. 礼貌送客

2. （　　）就是寻找商品的关联性，在互利共赢的基础上，对客户实现深层次、多方位的引导，实现交叉营销。

A. 商品推荐　　B. 商品细节　　C. 关联销售　　D. 购买用途

3. 以下客服人员使用的是（　　）议价处理话术。

客户：太贵了，第一次来你给我优惠点，我下次会再来买的，还会介绍朋友过来。

客服人员：非常感谢亲惠顾小店。对于初次交易，我们都是这个价格。在本次交易后您就是我们的老客户啦，当您再次购买时，我们会根据订单的情况给予优惠。

A. 对比型　　B. 武断型　　C. 优点型　　D. 允诺型

4. （　　）属于客户未付款的客观原因。

A. 错拍商品　　B. 犹豫商品的性价比

C. 担心商品质量不过关　　D. 犹豫商品的季节性

三、简答题

1. 热情接待的方法与技巧主要体现在哪些方面？

2. 客户的性格主要有哪些类型？

3. 客户的订单未付款一般有哪些主观原因？

4. 对于未成交客户，客服人员应如何进行告别？

项目四

售后服务与管理

项目概述

售后客服人员每天接触的都是一些让人头疼的售后问题，面对的都是怒气冲冲的客户，听到的都是让人烦躁的抱怨和投诉，种种负面情绪充斥着售后客服人员。因此，售后客服的工作十分具有挑战性，在售后问题的处理中起着至关重要的作用。作为一名专业的售后客服人员，必须有应对负面情绪的抗压能力，同时要掌握解决处理各类售后问题的思路，这样工作起来才会得心应手。那么，售后客服人员如何才能有效处理问题呢？

本项目从售后问题及处理、客户开发管理、客户满意度管理、客户忠诚度管理、客户流失管理、客户服务质量管理六个方面来详细讲解售后服务与管理。

任务一 售后问题及处理

任务情景

客户收到商品，打开包装后，发现商品颜色不是自己喜欢的，咨询客服小明关于换货的问题。客户已经签收快递，而在淘宝网还没有点击“确认收货”，如果现在客户想换货，需要先点击“确认收货”还是直接和卖家协商？小明所在的淘宝店铺已加入消费者保障服务和7天无理由退换货，换货的邮费应该由谁负担？具体应该怎样操作？小明对这些问题一头雾水，他需要学习售后客服的有关知识。

任务目标

知识目标：

1. 明确售后服务的重要性。

2. 认识常见的售后问题。

3. 掌握客户投诉处理的流程和话术。

能力目标：

掌握解决各类售后问题的思路，能够运用服务技巧处理售后问题。

素质目标：

培养耐心沟通、客户至上的职业素养，提升应对负面情绪的抗压能力。

思政园圃

建党 100 周年特别节目《榜样 6》中“奋斗百年路 启航新征程”之“七一勋章”获得者廷·巴特尔扎根草原 40 年，见证牧区沧桑巨变，“我叫巴特尔，有事请找我”这句话已经成为七十七团六连职工巴特尔最常说的一句话。他为人特别亲切、温和，心系草原和牧民。他经常到牧民家中走走看看，和牧民聊天，给牧民出主意，帮助牧民解决困难，让牧民尽快富起来，把牧区建设得更美好。他不怕环境艰苦，脚踏实地，全心全意地为牧民办好事、办实事，赢得了广泛赞誉。廷·巴特尔每年不止一次挨家挨户地问寒问暖，把党的关怀送到每一户牧民家里，送到每一位牧民心中。

客服人员在工作中，要以先锋模范为榜样，不忘初心，牢记使命。遇到难解决的售后问题，必须具备应对负面情绪的抗压能力，提升处理投诉等相关工作的能力，坚守全心全意、耐心沟通、客户至上的职业准则。

知识介绍

一、售后服务的重要性

网上购物，慎选无联保售后服务商品

售后服务主要是为客户解决产品使用过程中的问题，以及提供与销售产品有连带关系的支持服务，获取客户对产品和服务的反馈。售后服务以客户满意为宗旨，以客户成长为目标，以完善核心产品、丰富服务内容为主要途径。售后工作是一次交易的最后环节，也是再销售的开始。售后客服的服务内容相当广泛，围绕着核心商品的各种各样的附加服务都属于客户服务内容的范畴，例如客户邮件及票据处理、客户培训和咨询、服务补救、抱怨处理、对特殊问题的关注、及时送货、安装调试、维修等。

动画微课

售后服务

在电子商务时代，售后服务是指买家购买的商品发货之后，店铺所进行的一系列问题的处理和沟通，包括处理客户投诉、退换货、物流跟踪、产品答疑、购物纠纷解决、维修引导等。优质的售后客户服务不仅可以留住老客户，还可以赢得新客户。售后服务做得好，给客户良好的购物体验，店铺的 DSR 评分会提高，能有效提升店铺复购率。

售后服务是增强产品竞争力的一个重要因素，尤其是在商品同质化严重的电子商务环境中，各种比价软件使价格透明化，价格已经不能作为影响消费者购买决策的主导因素。客户对服务不满意会通过微信、微博、知乎、豆瓣等平台吐槽，从而影响其他客户的购买决策。商品出售以后，提供售后服务也是一种促销手段。首先，提供售后服务能为客户解决问题，提高客户购物满意度，从而维护品牌形象。其次，提供售后服务是对产品质量、售前客服水平、快递质量的监督。最后，通过售后服务能维护、管理、培养忠实粉丝。

二、常见的售后问题

常见的售后问题有商品问题、物流问题、退货退款、客户投诉，如图 4－1－1 所示。

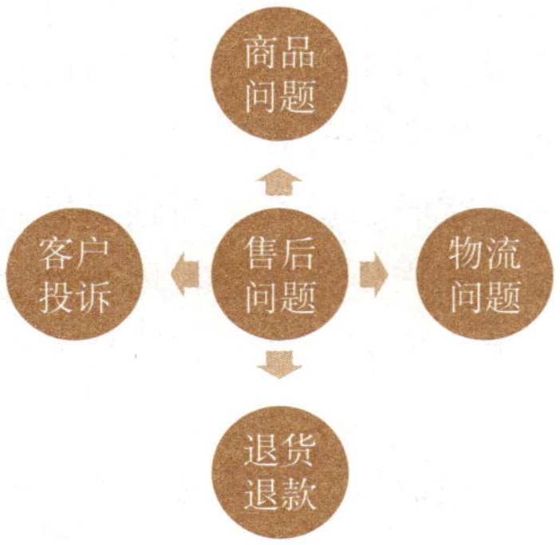

图 4－1－1　常见的售后问题

1. 商品问题

商品问题包括商品质量问题和商品做工问题。商品质量问题包括：商品融化、商品漏液、商品包装破损、商品过了保质期、有异物（如虫子、头发、皮屑等）、有异味、破损变形、导致过敏等。商品做工问题包括：零部件脱落、面料不符、脱丝或线头等。

2. 物流问题

物流问题包括：物流查件、催快递、未按照约定时间发货、到货时间不明、丢件、显示已签收却未收到等物流异常问题。

一般快递员为了派送不超时，会先签收再派送，但签收和派送一般在 24 小时内。售后客服人员应首先查看客户的物流信息签收时间，如果在 24 小时以内，可以向客户解释快递员一般是先签收，请客户耐心等待应该很快会派送的，如果第二天还没派送再催一下快递员。如果签收时间已是 24 小时以外，可解释说："您好，非常抱歉，让您久等了。这边帮您登记工单，对接快递查一下什么原因，我们会要求快递员尽快为您派送，请您耐心等待。"

3. 退货退款

退货退款有两种情况：一是催同意退款申请，二是退货退款催退款。催同意退款申请时，如果未发货，处理退款时间为 48 小时。售后客服人员如逾期未响应申请，视作同意买家申请，系统会自动退款给买家。退货退款催退款是指商家同意退款后，款项会在 48

小时内返回至客户账户（原路返回），售后客服在同意退款前，一定要核实好退款原因、退款金额，备注情况，避免不必要的麻烦。

4. 客户投诉

电子商务销售的各个环节均有可能出现问题，所以客户投诉会出现在产品及服务的各个方面，主要包括商品投诉、物流投诉、服务投诉。客户对商品不满意不喜欢、客户认为价格不够优惠、客服人员推荐尺码不准确、客服人员接待不专业等都会引发客户投诉。

三、处理客户投诉

1. 处理客户投诉的重要性

（1）综合提升客户体验。有效沟通，了解客户的诉求，减少由于客服人员响应慢造成的差评，提升客户对商家的满意度。对于客户而言，自己提出的问题得到及时的反馈和处理，是非常好的购物体验，从而对店铺进行好评。

（2）建立信任感，拉近距离。客服人员应不断跟进客户的问题，给客户反馈，让客户认为店铺的服务到位且专业，对店铺产生信任感，增强购物安全感。

（3）防止不必要的损失。如果客户有一些问题需要及时解决，而客服人员没有在第一时间进行反馈或跟进，导致问题还是按照之前的情况进行处理，客户就可能会给店铺差评。所以客服人员应积极处理客户投诉，防止不必要的损失。

2. 客户投诉处理流程

客户投诉处理流程，如图 4－1－2 所示。

图 4－1－2　客户投诉处理流程

第一步：安抚致歉，表达歉意，拿出积极解决问题、承担责任的态度。

第二步：核实问题，查找原因，快速判断出问题的责任方。

第三步：制定方案，拿出低成本解决问题的方案，与客户沟通协商。

第四步：引导好评，降低客户投诉率。

3. 客户投诉处理过程中的服务话术

安抚致歉话术：“亲，非常抱歉，可能我们之前的服务没有做好，我跟您说声‘对不起’，您先不要着急，我现在就为您处理问题。”

核实问题话术：“亲，辛苦您一下，可以拍一些产品存在问题的照片或者视频发给我吗？我看看具体情况，可以更好地为您解决问题哦。”

提出解决方案话术：“亲，非常抱歉呢，您看需要给您换一下吗？换货比较耽误您宝贵的时间，如果不影响使用，其实您可以选择申请补偿。”

任务实施

一、任务名称

退货退款的售后处理

二、任务目标

通过退货退款的操作，结合本任务的相关知识，掌握售后处理的方法及技巧。

三、任务流程

任务流程如图 4-1-3 所示。

图 4-1-3 任务流程

四、任务步骤

步骤 1 退货退款申请

该步骤的目的是让售后客服掌握退货退款的申请流程。

在浏览器输入网址：http://www.taobao.com，点击首页—我的淘宝—已买到的宝贝—退货退款，如图 4-1-4 所示。自行找到以前购买过的商品进行退货退款申请。

图 4-1-4 退货退款申请

步骤 2　填写退货退款相关信息

该步骤的目的是让售后客服引导客户正确填写退货退款相关信息。

售后客服引导客户正确填写服务类型、退款原因、退款金额、退款说明、上传图片，最后提交即可，如图 4-1-5 所示。退款原因选择“7 天无理由退换货”最为合理，若申请其他理由需与售后客服核实，协商沟通；如无故申请其他理由，商家有权拒绝退货申请。退款原因选择 7 天无理由退换货，卖家不承担退货寄回运费，如订单有运费险，则退货寄回运费由保险公司承担。

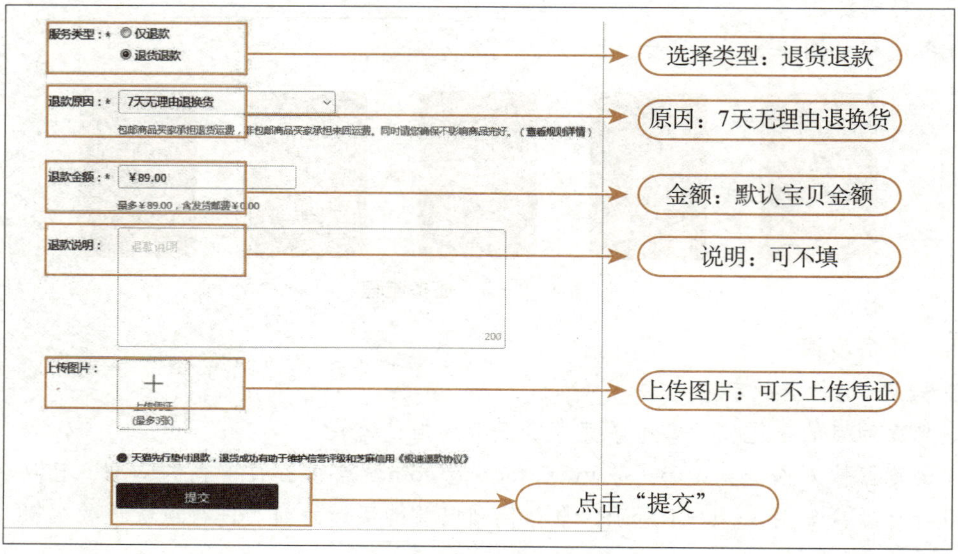

图 4-1-5　填写退货退款相关信息

步骤 3　了解已提交退货申请界面

该步骤的目的是让售后客服人员了解客户已成功提交退货申请界面。

提交退货申请后有两种状态：

(1) 请等待商家处理，售后专员同意退货申请时间为 72 小时 (3 天)。

(2) 退货原因为“7 天无理由退换货”时，系统自动同意退货申请 (0 秒响应)，如图 4-1-6所示。

步骤 4　掌握上门取件退货方式

该步骤的目的是让售后客服掌握上门取件退货方式。

点击“我要寄件”，选择退货方式为“快递员上门取件”，选择上门取件时间、取件地址，点击提交即可，如图 4-1-7 所示。

步骤 5　填写物流单号，自行退货

该步骤的目的是让售后客服引导客户填写正确的物流单号，否则运费险失效。

选择“填写退货物流单号”，选择“物流公司”，填写寄出的“物流单号”(如果订单有购买或赠送运费险，一定要填写正确的物流单号，否则运费险失效)，填写正确的电话号码，然后提交即可，如图 4-1-8 所示。

图 4-1-6　已提交退货申请界面

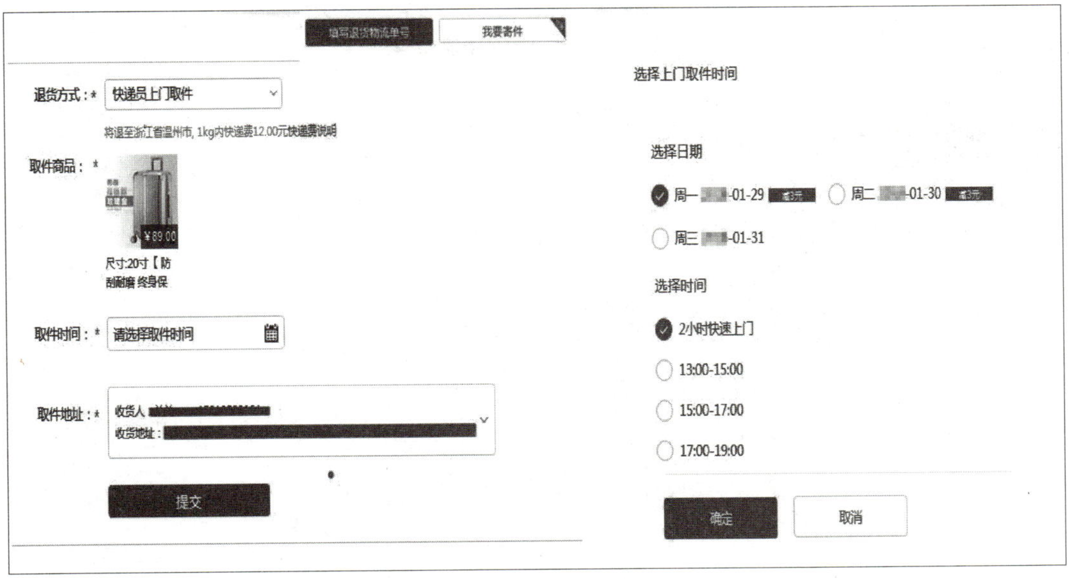

图 4-1-7　上门取件退货方式

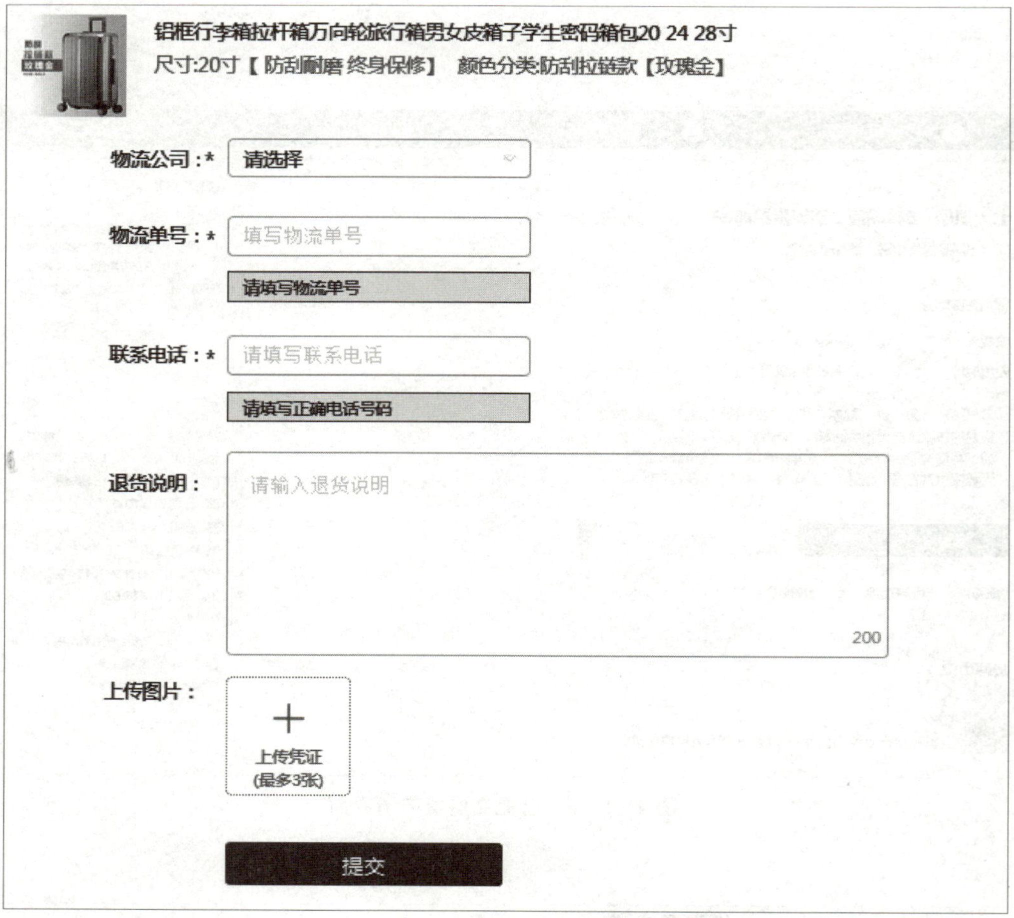

图 4-1-8 填写物流单号

课后思考

1. 在销售过程中，售后服务为什么必不可少？
2. 常见的售后问题有哪些？
3. 客户投诉处理过程中需要运用哪些服务话术？

任务二 客户开发管理

任务情景

小明刚和一个做家具产品的卖家聊了聊店铺的情况，浏览了他家店铺的宝贝，以及一些同行的店铺，但都没有找到喜欢的。当小明再次打开淘宝 App 的时候，首页的“猜你喜欢”位置推荐的宝贝全都是家具产品或家具相关产品，他从中挑选到了自己最喜欢的那款家具。小明很纳闷，为什么淘宝 App 推荐的宝贝刚好就是他想要的那款家具？

在电子商务大数据时代，如何在激烈的竞争中开发更多有效的客户呢？这就需要进行客户开发管理。

任务目标

知识目标：

1. 认识店铺新客户开发的重要性。
2. 理解人群标签的基本含义。
3. 熟悉潜在客户的分类管理。
4. 了解客户开发管理的要点。

能力目标：

掌握分析潜在客户的思路，能够运用大数据寻找开发潜在客户。

素质目标：

培养尊重客户、保护客户隐私的职业道德。

思政园圃

党的二十大报告提出“推进国家安全体系和能力现代化，坚决维护国家安全和社会稳定”的要求。维护国家安全与每个人的切身利益密切相关，以人民安全为宗旨也是“总体国家安全观”的核心价值。只有人人参与、人人负责，国家安全才能真正获得巨大的人民性基础，也才能有坚实的制度保障。保守国家秘密，树立国家安全意识，自觉关心、维护国家安全，这是每个公民应尽的义务。在客服工作中，会接触到大量客户的重要信息，这就需要客服人员严格遵守保密规定，不能泄露客户的个人信息，切实保护客户的隐私。

知识介绍

一、店铺新客户开发的重要性

直销人如何开发新客户

在店铺有交易的前提下，只有不断开发新客户，才能维持店铺的日常运营。首先，客户是店铺的利润之源，是店铺的发展动力，也是店铺存在的价值。在电子商务迅速发展的时代，谁能掌握客户的需求趋势，有效开发和管理客户资源，谁就能赢得市场竞争份额。其次，有了新客户以后，才会有老客户，从而实现店铺在现有交易规模的基础上，店铺销量的提升。最后，电子商务平台交易多数趋于小单快返，如果把店铺销量的增长全押注在老客户身上，不仅难以维持店铺生存，还存在一定的风险。可见，新客户开发管理与店铺的利益成正比。

二、人群标签的基本含义

消费者的购物方式和喜好不同，购物平台会根据他们的喜好以及购物习惯进行归类。如果客户经常在网上购买奶粉、母婴用品，光顾与母婴有关的店铺，则平台会为此客户打上“母婴商品”标签。当客户再次购物时，平台会把此类目的商品推荐给客户，这就是我们所说的人群标签。

淘宝千人千面是指不同的账号搜索展示页面呈现不同的商品，依靠淘宝大数据及云计算能力，能从细分类目中抓取那些特征与客户兴趣点匹配的商品，展现在目标客户浏览的网页上，从而帮助卖家锁定真正的潜在客户，实现精准营销。淘宝网通过购买过的产品、添加过购物车的产品对每一位客户打上各种标签，然后通过标签来勾勒出每一位客户的画像，从中解读出客户的购物偏好。

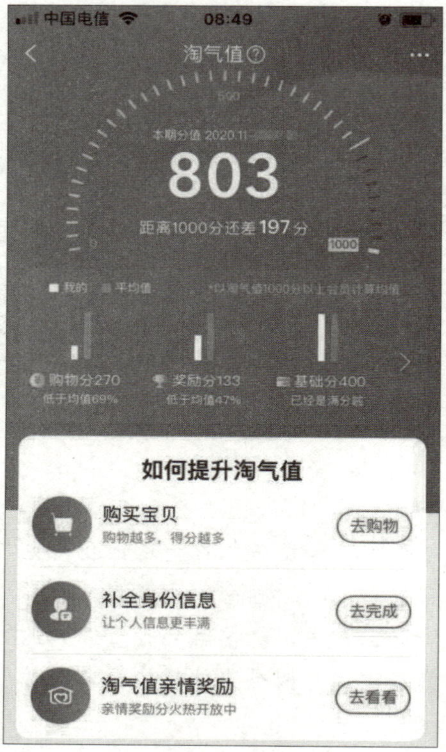

图 4-2-1　淘气值

电子商务客户开发通过建立人群标签，借助新工具、新技术，能快速获得店铺精准粉丝客户群，极大节省客户开发的时间和人力成本，提高工作效率。

三、潜在客户的分类管理

在电子商务环境中，潜在客户的分类可以根据客户近期的淘气值来进行管理。淘气值是根据淘宝会员近 12 个月在淘宝、天猫、飞猪以及淘票票上的购买金额、购买频次、互动、信誉等行为，而综合算出的会员价值分（见图 4-2-1），它由购物分、奖励分、基础分组成。

知识拓展

购物分是客户近 12 个月购买商品和服务金额的综合分值。电商平台每天都会更新设置平台每类商品、每间店铺的最大可得分，客户通过购物订单获取购物分。通常情况下，实物类商品的最大可得分会高于充值、票务、航旅等虚拟类商品的最大可得分。

奖励分是客户近 12 个月内购买的商品类目数，反映真实消费体验的文字评价、带图评价、追评、分享被点击数、“问大家”参与次数、购买成交天数、连续购买月数的综合分值。参与淘宝亲情账号活动，还可以获得额外的奖励分值。

基础分由当前信誉等级决定。信誉等级越高，基础分越高，并且可得购物分和奖励分的分数越高。

根据客户近期的淘气值，潜在客户的分类管理一般可以分为以下几类：

一般潜在客户。淘气值 400 以下，基本是新手买家，低购买频率，对淘宝平台黏性低，消费能力差。

较好潜在客户。淘气值 500～800，这类买家，有购买能力，有购买兴趣，属于较好潜在客户。

重要潜在客户。淘气值 800 以上，这种高购买频率的买家，购买能力强，属于企业优先考虑可发展的重要潜在客户。

四、客户开发管理的要点

在电子商务大数据时代，商家与客户面对面进行沟通接触的机会大大减少，客户开发更加精细化，更加重视对客户的全面认识，包括身份背景、职业、教育水平、生活习惯、消费需求、兴趣爱好、地域分布等。商家寻找开发潜在客户主要考虑以下客户特征。

1. 人口特征

人口特征包括性别、年龄、收入、职业、教育水平、地域等身份背景信息。在客户开发过程中，企业需要根据自身的产品来选择不同性别的客户进行开发。例如，女性对化妆品、服装、珠宝饰品、鞋子箱包、母婴玩具等产品比较感兴趣，男性则对数码产品、运动户外产品、汽车配件、生活家电比较感兴趣。

一般来说，人口特征内容在客户注册或办理会员卡的时候就能获取。企业希望尽可能多地获取客户的全面信息，以便更好地从数据中了解客户的需求，为客户提供专属服务以提升转化率。但此内容涉及客户的个人身份等隐私信息，属于敏感内容，一旦客户发现自己的个人信息被泄露，企业将会失信于客户。因此在客户开发管理的过程中，不能一味追求收集客户数据，要秉着尊重客户、保护客户隐私的原则，在客户知晓授权的情况下，在合法、符合道德规范的前提下，有限、正当地查看和使用客户的相关信息。

知识拓展

《淘宝网市场管理与违规处理规范》第二十八条规定：不当获取使用信息是指通过租借、共享账号、协助第三方扫描系统等方式获取平台商业信息、他人信息，或未经允许发布、传递、出售、使用平台商业信息、他人信息，影响淘宝网的正常运营秩序、效率、体验或致使平台商业信息、他人信息存在泄露风险的行为。他人信息包括但不限于：真实姓名、手机号码、收货地址等订单相关信息，身份证信息，匿名购买买家的会员名等。

2. 行为特征

在电子商务领域，行为特征简单来说就是客户在网站上发生的所有行为，包括客户的购买习惯、搜索浏览点击、使用场景、操作规律、评论分享、访问路径、兴趣爱好、点赞转发等行为。通过对客户行为进行分析，全面解读客户行为背后的原因，了解他们喜欢什么样的产品，为什么他们会被吸引，到底是什么促使他们下单购买，从行为来进行客户开发管理，从而找到适合自己店铺的客户。

（1）购物习惯。客户是否有比价、查返利、查评价、看直播、领取优惠券等购物习惯。如果客户在购物前有查返利的购物习惯，则可采用消费返利模式来吸引开发客户。

（2）搜索浏览。在线购物产品同质化竞争激烈，不少客户喜欢跨平台、跨渠道、跨应用来浏览访问店铺产品，最后选择最满意的店铺进行购买。在大数据时代，通过分析客户访问路径来开发客户越来越受到企业的重视。企业可以收集客户的搜索关键词、浏览页面、访问时间段、停留时长、访问深度、访问路径等行为信息进行分析。

（3）兴趣爱好。兴趣爱好信息包括关注收藏的内容、内容偏好、社交偏好、生活习惯、方式品味、地理定位等行为信息。如一个定位于一二线城市年轻女性使用的高档护肤品牌，在客户开发时就要密切结合这类女性客户的社交圈、生活品位、位置定位等行为特征，有针对性地提供产品和服务。

3. 交易特征

网络购物能够完整记录客户的交易并保存历史交易信息，后台可以实时查询订单交易记录，甚至几年前的记录都能查询得到。这为分析客户的购买力、购买频率、支付方式、客单价、积分兑换等交易特征信息提供了极大的便利。企业可以根据客户的交易特征，开发不同购买力的客户，展示不同价格的产品，从而使客户开发管理事半功倍。

任务实施

一、任务名称

熟悉客户开发管理

二、任务目标

通过寻找开发潜在客户，结合本任务的相关知识，熟悉客户开发管理的方法及技巧。

三、任务流程

任务流程如图 4-2-2 所示。

图 4-2-2　任务流程

四、任务步骤

步骤 1　寻找开发潜在客户

假设你是一家店铺的客户开发主管，请分析店铺经营方向和发展的重点，结合产品特点，在你所认识的人群中，寻找开发潜在客户，完成表 4-2-1。

表 4-2-1　店铺基本情况

店铺经营方向	
店铺发展重点	
产品特点	
潜在目标客户群	

步骤 2　进行潜在客户分类

请根据上一步骤开发潜在目标客户群的结果，进一步分析潜在客户的类别，对潜在客户进行分类管理，完成表 4-2-2。

表 4-2-2　潜在目标客户群

潜在客户类别	潜在目标客户群
一般潜在客户	
较好潜在客户	
重要潜在客户	

步骤 3　分析潜在客户特征

请根据上一步骤潜在客户的分类，进一步对潜在客户展开人口特征、行为特征、交易特征内容的分析，完成表 4-2-3。

表 4-2-3　潜在客户特征分析

潜在客户特征	潜在客户特征分析
人口特征	
行为特征	
交易特征	

步骤 4　建立客户开发人群标签

请根据上一步骤潜在客户人口特征、行为特征、交易特征的内容，确定店铺经营方向和发展重点，建立符合产品特点的客户开发人群标签。

步骤 5　勾勒潜在客户画像

请根据上一步骤的客户开发人群标签，以图的形式勾勒出潜在客户的画像，从而为店铺锁定真正的潜在客户。

课后思考

1. 新客户开发的重要性体现在哪些方面？
2. 什么是人群标签？
3. 天猫平台的会员价值分由哪些部分构成？

任务三 客户满意度管理

任务情景

通过潜在客户开发管理，店铺订单明显增多，随着订单的增多，店铺开始出现各种中、差评，直接影响了店铺的口碑，这让小明焦头烂额。此时，小明需要着手提升客户满意度，通过客户满意度管理，提升客户对店铺的好感。那么，什么是客户满意度？影响客户满意度的因素有哪些？从哪些方面可以提升客户满意度呢？

本任务通过介绍客户满意度的相关知识，熟悉客户满意的层次内容。通过任务实施，熟悉客户满意度管理的方法策略。

任务目标

知识目标：

1. 理解客户满意度的含义。
2. 认识客户满意的层次。
3. 熟悉客户满意度管理内容。

能力目标：

掌握客户满意度管理的方法。

素质目标：

培养“以客户满意为中心”的服务意识和道德意识，使客户的满意层次达到社会满意层次。

思政园圃

党的二十大报告指出，“全党要坚持全心全意为人民服务的根本宗旨，树牢群众观点，贯彻群众路线，尊重人民首创精神，坚持一切为了人民、一切依靠人民，从群众中来、到群众中去，始终保持同人民群众的血肉联系，始终接受人民批评和监督，始终同人民同呼吸、共命运、心连心。”客服人员需要加强实践锻炼、专业训练，掌握正确的方法和技巧，在工作中增强服务群众意识，强化责任意识，培养以“客户满意”为职责的职业素养。

知识介绍

售后服务数字化可以提升顾客满意度

一、客户满意度的含义

客户满意是客户在消费产品、体验服务、办理业务之后的满足或失望的感觉状态，是客户的心理反应。客户满意的等级通常可分为五级，分别是非常不满意、不满意、一般、满意、非常满意。

客户满意度是客户基于商家所提供的产品或服务进行评价，以判断是否能达到他们所期望的程度。客户满意度可以通过询问调查客户对服务是否满意，并统计客户反馈结果进行计算得出，通常情况下企业或组织会在客户服务结束后发出评价邀请。

二、客户满意的层次

客户满意的内容主要分为物质满意、精神满意、社会满意三个层次，如图 4－3－1 所示。处于不同需求层次的客户对同一产品和服务的要求和感觉不同。有的客户觉得产品能使用就可以；有的客户则认为产品仅仅能使用是不够的，还要考虑是否高端上档次，是否节能环保等。

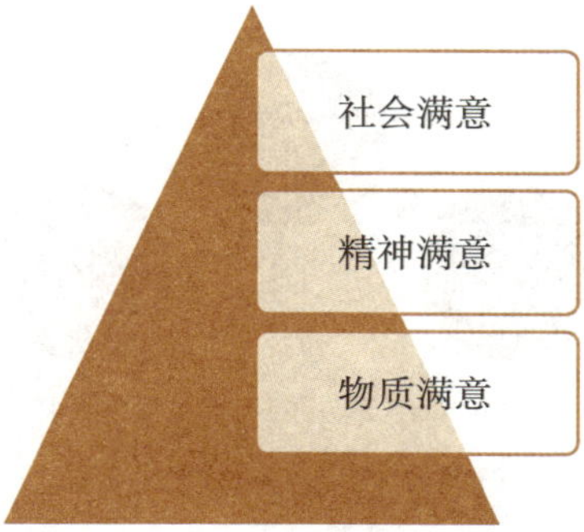

图 4－3－1　客户满意的层次

1. 物质满意

物质满意是客户满意的基础层次内容，主要是产品的使用价值，如功能、质量、包装、安全、时效等带给客户的满意状态。企业通过提供产品的使用价值来实现客户物质层次的满意，例如，小米手机提供 1 小时快修服务，对于保修期内的手机用户，小米向已预约的客户承诺，从取号到取机，1 小时内完成；向未预约的客户承诺，受理后 1 小时内完成维修。保修期内用户维修时间超过 1 小时，即享抽奖。

2. 精神满意

“精神满意”的概念通常与“物质满意”相对应，是指客户在消费过程中获得的心理上的满足感，如感到愉悦、舒适、放松等。这种满足感可以来自商品或服务的品质、体验、服务态度等方面，也可以来自客户自身的心理，如获得尊重、被认同、被关注等。如果客户在消费过程中感到精神上非常满意，那么他们更可能对商品或服务产生积极的态度和行为，例如给予好评、推荐给他人、再次购买等。反之，如果客户感到不满意或精神上没有得到满足，他们可能会对商品或服务产生消极的态度和行为，例如投诉、退货、不再购买等。

3. 社会满意

社会满意是客户在企业提供产品或服务过程中体验到的对社会利益维护的程度。社会满意主要依靠产品所包含的道德价值、政治价值和生态价值来实现。道德价值是指在产品的消费过程中，不会违背社会道德；政治价值是指在产品的消费过程中不会导致政治动荡、社会混乱；生态价值是指在产品的消费过程不会造成对生态环境的破坏。例如，新能源汽车节能、环保、省油，有利于建设节约型社会，因此很多客户选择购买。社会满意要求企业的产品或服务能维护社会整体利益，从而有利于社会主义道德建设、政治建设和生态文明建设。

三、客户满意度管理

客户满意度管理主要由产品满意管理、服务满意管理、评分评价管理组成，如图 4-3-2 所示。

图 4-3-2　客户满意度管理

1. 产品满意管理

产品满意是客户满意的基础。首先，企业要对产品质量进行严格把关，产品质量应当符合《中华人民共和国产品质量法》的规定，一旦出现产品安全问题，企业很有可能面临破产。其次，与同类产品相比，如果企业的产品在功能、材质、设计等方面有特色，那么客户的满意度会较高。由于客户的需求不断变化，因此产品满意管理需要洞察市场，创新产品，保持产品经典款和新品各占相应的比例，不断适应客户的需求，提供令客户满意的产品。

2. 服务满意管理

一个对服务不满的客户会将不满告诉 10～20 个人，客服人员的服务态度、响应时间、投诉处理速度等都会影响客户的满意度。随着企业对服务的重视程度加大，服务已经上升为各个企业的竞争重点，服务满意管理不可缺失。企业需建立一套完整的服务指标，作为服务工作的考核依据，并以此为依据检查服务满意度。如企业可以通过评选“服务之星”，对客户满意度高的客服人员进行奖励，不断加强服务满意管理。

3. 评分评价管理

大数据时代，评价是买家表达购物体验的一种方式，好评会为店铺带来更多的流量，好评越多，客户满意度越高。因此，评价对于客户满意度管理非常重要。潜在客户看到好的评价会果断下单，看到差的评价可能会直接离开店铺。

店铺在运营中难免会收到中差评，这就需要对评价进行管理。建议卖家可以先向买家了解不满的原因，尽可能通过满足客户合理的需求挽回客户。如买家对商品不满，卖家可以主动提出售后服务（退货、退款、换货、维修等）；如买家对店铺服务不满，卖家可以努力尝试为该买家提供更优质的服务，让买家对店铺的服务改变看法；在无法协商修改中、差评的情况下，卖家可及时对评价做出解释，让更多的人了解中差评背后的真相，将真诚处理问题的态度和售后服务描述体现在解释中，让其他消费者对选购店铺的商品没有后顾之忧。

知识拓展

DSR是指卖家服务评级系统，DSR评分指的是淘宝店铺动态评分。在交易成功后的15天内，买家可以对卖家进行店铺评分，包含三项评分，分别是：宝贝与描述相符、卖家的服务态度、物流服务的质量，每项店铺评分取连续六个月内所有买家给予评分的算术平均值。三项指标都具有5个分值，都是1～5星，1星表示非常不满意，2星表示不满意，3星表示一般，4星表示满意，5星表示非常满意，一般卖家都希望买家给予5星好评。如果逾期未打分，系统也不会产生默认评分，不会影响卖家的店铺评分。

任务实施

一、任务名称

熟悉客户满意度管理

二、任务目标

通过开展客户满意度调查工作，结合本任务的相关知识，熟悉客户满意度管理的方法及技巧。

三、任务流程

任务流程如图4-3-3所示。

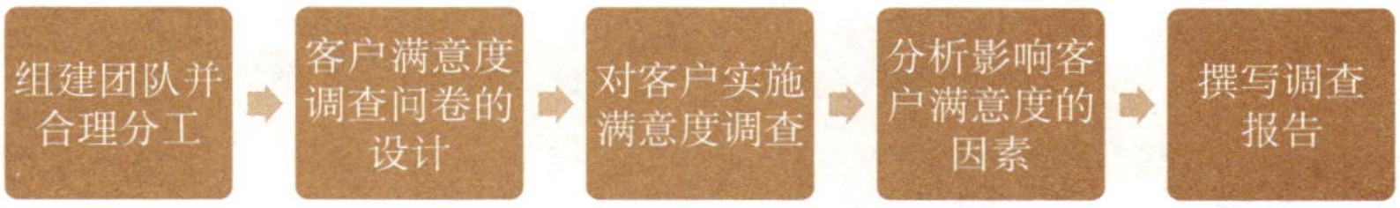

图4-3-3 任务流程

四、任务步骤

步骤1 组建团队并合理分工

假设你是一家企业的客户主管，请带领你的团队调查企业的客户满意度。

步骤 2 客户满意度调查问卷的设计

(1) 确定调查目标。

(2) 确定调查对象与范围。

(3) 根据企业的需求进行问卷的设计。

步骤 3 对客户实施满意度调查

通过问卷星、实地调查等方法进行调查，并回收问卷。

步骤 4 分析影响客户满意度的因素

根据上一步骤收集回来的问卷，进行数据汇总，分析影响客户满意度的因素。

步骤 5 撰写调查报告

根据此次问卷调查分析的结果，撰写客户满意度调查报告，并汇报展示。

课后思考

1. 什么是客户满意度？
2. 客户满意的内容分为哪些层次？
3. 客户满意度管理包括哪些方面的管理内容？

任务四 客户忠诚度管理

任务情景

经过前期的用心经营，小明所在店铺买家好评如潮，此时小明需要着手提升店铺的客户忠诚度。通过提升店铺的客户忠诚度，让客户一买再买，并推荐给身边的朋友。那么，什么是客户忠诚度？其意义有哪些？如何根据店铺需要，培养电子商务客户的忠诚度？如何进行客户忠诚度管理？

本任务通过介绍客户忠诚度的相关知识，让学生熟悉客户忠诚的特征，认识客户忠诚度管理实施的内容和方法。通过任务的实施，学生熟悉企业制订客户忠诚计划的主要工作流程。

任务目标

知识目标：

1. 理解客户忠诚的含义。
2. 认识客户忠诚的意义。
3. 认识客户忠诚计划。

4. 理解培养电子商务客户忠诚度的重要性。

能力目标：

1. 掌握客户忠诚计划实施管理的内容和方法。
2. 能够运用忠诚计划赢得客户的信任。

素质目标：

培养诚实守信的职业素养，自觉践行社会主义核心价值观。

思政园圃

党的二十大报告强调“广泛践行社会主义核心价值观”。诚信是社会主义核心价值观的基本内容，“诚信者，天下之结也”。诚信是一个人的立身之本，也是维护市场经济秩序的重要原则。市场主体讲诚信，可以降低交易成本、促进公平竞争、增强经济活动的可预期性、提高经济效率。正因为如此，诚信被视为市场经济的重要基石。对于电商客服人员而言，诚信既是必须践行的行为准则，也是提升客户忠诚度的必然之举，是赢得消费者和市场的可靠保证。

知识介绍

客户忠诚度不高？这 6 种情绪在影响！

一、客户忠诚的含义

客户忠诚是客户以实际行动表示对企业产品或服务的喜爱或拥护，这些行动可以是对现有产品的持续使用、愿意继续购买企业产品、购买企业的其他产品、向他人推荐企业产品和服务、维护企业产品声誉等。客户忠诚度是量化客户忠诚的描述，指客户对某一企业产品或服务产生喜爱并重复购买的程度。

二、电子商务客户忠诚的特征

电子商务客户的忠诚通常表现为经常访问店铺，对店铺新品表现出关注和期待；关注公众号，为店铺新进展点赞；愿意在社交网络里谈论店铺业务，在微博、微信等社交媒体平台分享店铺新品。

三、客户忠诚的意义

1. 增加企业利润

由意大利经济学家帕雷托的 80/20 法则可知，企业 80%的利润来源于 20%的客户。美国哈佛大学赛萨教授的研究表明，企业忠诚客户增加 5%，企业利润则相应增加 35%～95%。由此可见，忠诚客户对企业盈利的影响远远超出其他一般客户，能极大创造企业的收入。忠诚客户对价格一般不敏感，面对新品上市，会立即全价购买，不会等到打折清仓时再购买。他们付款更迅速，对价格承受力更强。忠诚客户的客单价往往会比新客户高，企业也会因此获得更多的利润。

2. 降低企业的运营推广费用

60%的新客户来自现有客户的推荐，当忠诚客户由衷地喜欢一个品牌或产品时，他会把该品牌产品体验后的感受分享出去，并对周围与他相关的人产生影响，从而激发他人的购买欲望，形成良好的口碑效应。这种效应不断地扩大，宣传覆盖的范围也就随之扩大。忠诚客户的口碑带来的营销推广效果不仅成本低，还能有效转化。如果企业拥有较多的忠诚客户，那么企业运营推广费用将大大降低。

四、客户忠诚度管理实施

1. 忠诚计划的实施

忠诚计划是企业为了实现长期经营目标，鼓励客户持续购买和长期互动而实施的一系列购买优惠、增值服务或其他奖励等营销策略和服务计划。忠诚计划在客户忠诚度管理实施过程中有多种不同的形式，包括独立积分计划、联盟积分计划、会员特权和服务计划、会员俱乐部计划等。企业可以根据运营特点，选择适合自己的忠诚计划，对店铺会员进行管理，当客户提供额外的利润时，则奖励他们的贡献。

独立积分计划是指企业自行设计的积分计划，仅对自家客户的消费行为给予积分，在一定时间段内，根据客户的积分额度，提供不同级别的奖励。比如超市用购物积分兑换礼品、美容院用积分兑换护理疗程等。独立积分计划有时效性，实行每年积分清零，这种忠诚计划成本较高，需花费较长时间才能获得积分奖励，比较适合于容易引起多次重复购买和延伸服务的企业。

联盟积分计划是指多家合作企业使用同一个积分系统，客户凭一张卡就可以在不同商家进行积分，并能较快获得积分奖励。与独立积分计划相比，联盟积分计划打通整合多家企业，减少客户手里有多张积分卡的烦恼，对客户忠诚度管理实施更为经济有效，对客户更具有吸引力。

会员特权和服务计划是企业给开通会员的客户提供的区别于普通客户的特权和服务，可以是一项增值服务，不同等级的会员享受的特权和服务有所不同。比如腾讯为 QQ 超级会员提供专享 80 余项顶级特权，涵盖了 QQ 特权、游戏特权、生活特权、购物特权、装扮特权，其中包括等级加速、多彩气泡、超级群、免流量特权等。QQ 超级会员成长体系，如图 4－4－1 所示。

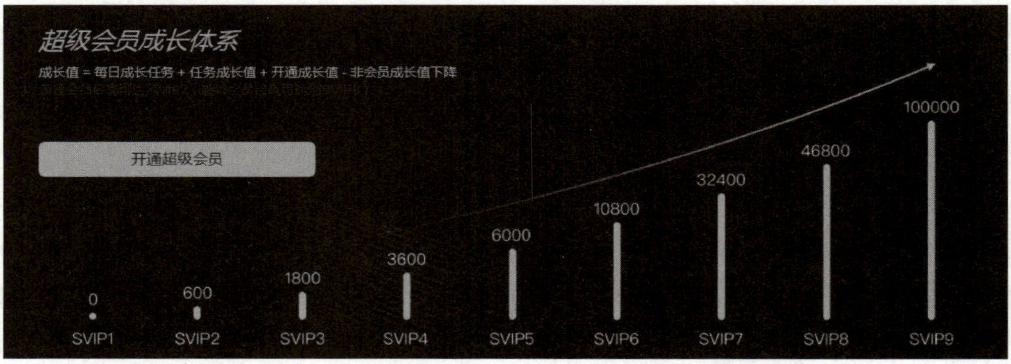

图 4－4－1　QQ 超级会员成长体系

会员俱乐部计划可以让企业与忠诚客户进行深度的沟通，这种忠诚计划以会员活动为核心，通常有联谊会、车友会、茶话会、讲座、免费体验、户外活动等，比单纯的积分计划更方便交流。通过组织和举办活动，可以向客户传达企业的文化、价值观念以及企业精神，让客户真切地体验到企业是真正以客户为中心，让客户有归属感，增强客户对企业的感情。会员俱乐部为企业客户忠诚度管理实施提供了一个平台，是进行客户忠诚度管理的最主要方法。

知识拓展

淘宝88VIP会员旨在打造吃、玩、听、看、买一卡通，开通88VIP可享受以下几大权益：

专属购物优惠：自营品牌（天猫超市、天猫国际直营、阿里健康、天猫奢品）和精选品牌专享9.5折、4张88VIP专享购物券。

通享会员年卡：优酷VIP、饿了么超级吃货卡、网易云音乐黑胶VIP、高德打车、飞猪优享卡、民生白金卡、飞猪亲子礼遇等。

专享爆款：享受指定商品88VIP专享价格。

专享积分优惠：专享积分兑换，10倍天猫积分，专享加赠，积分秒杀等不定时活动优惠。

专享特权：一对一服务管家，极速退款，退货免首重运费。

温馨提醒：88VIP开通后有效期为365天，有效期内不会因淘气值或会员身份变化影响权益使用。

2. 培养员工忠诚

企业不仅要培养客户忠诚，还要培养员工忠诚。员工具有责任感和奉献精神，才会尽心竭力为企业做出贡献，才会为客户提供满意的服务，最终赢得客户忠诚。企业要尊重员工的合理要求，对员工实施人文关怀，为他们提供个人发展和晋升空间。企业应开展相应的员工培训，让员工与企业共同进步发展；建立有效的奖励机制，从而提高员工的工作激情；培养员工对企业的归属感和忠诚度，提升企业团队成员的凝聚力，避免员工跳槽导致客户的流失。

3. 增加感情投资

客户忠诚管理需持续关注客户，不仅要完成企业安排的业务，有时候客户下单后，要多跟踪进度，多和客户交流信息，与客户之间建立稳固的感情关系。客户与企业之间关系越紧密，对企业的利润贡献就越大。

五、培养电子商务客户的忠诚度

电子商务时代，商品信息公开透明，客户可以通过网络找到商品信息，并能方便地转向任意平台的任意商家，客户转换成本大大降低。因此，培养电子商务客户的忠诚度越来越重要。

1. 赢得客户信任

诚信是网络客户忠诚的基础，网络购物时代，客户没有办法看到实物，全靠产品图片和服务承诺做出购买决策。一旦客户购买后发现货不对版，将会永久拉黑店铺。因此企业首先要赢得客户信任，让客户接纳并认同自己的产品和服务，才能获得客户忠诚。企业应杜绝各种制假售假、欺瞒诈骗的违法行为，建立诚实守信的经营理念，不懈追求客户忠诚，为推进诚信社会的建设发挥积极的作用。

2. 运用地理位置发起互动

培养电子商务客户的忠诚度，地理位置是一个很重要的亮点，具有很高的商业价值。火爆朋友圈的网红打卡，通过运用地理位置发起互动，将线下企业产品或服务推广给线上客户，线上客户也可以通过平台找到线下商户。比如，如果客户在一家餐厅吃饭，然后使用自己的移动设备在这家餐厅签到打卡，那么该客户在微信上的好友就会收到该客户所处的位置信息。

这种互动式服务的核心在于客户关系和圈子的建立，从线上的圈子扩展到线下，线上线下联系更加紧密，也带动了商业价值的实现。行为轨迹和地理位置的信息标记组合，帮助企业与客户创建更加广泛和密切的联系，创造出全新的位置社交服务体验，把被动性行为变成主动性行为。运用地理位置发起互动，企业让客户分享地理位置信息到微信朋友圈，并给予相应奖励，从而培养电子商务客户的忠诚度。

任务实施

一、任务名称

熟悉客户忠诚度管理

二、任务目标

通过设计会员俱乐部，结合本任务的相关知识，熟悉客户忠诚度管理的方法及技巧。

三、任务流程

任务流程如图 4-4-2 所示。

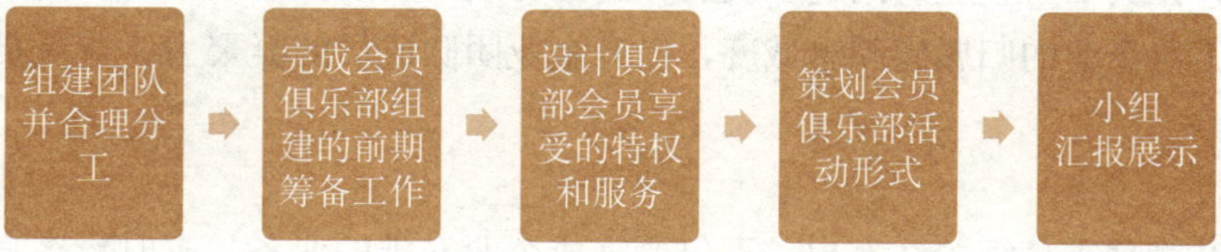

图 4-4-2 任务流程

四、任务步骤

步骤 1 组建团队并合理分工

假设你是一家企业的客户主管，请带领你的团队组建企业的会员俱乐部，培养客户忠诚。

步骤 2 完成会员俱乐部组建的前期筹备工作

(1) 结合公司客户忠诚现状，分析成立会员俱乐部的目的和必要性。

(2) 会员俱乐部服务宗旨与职责。

(3) 加入会员俱乐部的方法。

(4) 会员俱乐部的经营管理办法。

步骤 3 设计俱乐部会员享受的特权和服务

(1) 设计会员的等级。

(2) 设计会员的特权和服务。

步骤 4 策划会员俱乐部活动形式

(1) 周末小型会员活动、节假日庆祝活动，可以是联谊会、年会、车友会、茶话会、讲座、免费体验、户外活动等，提高俱乐部的人气。

(2) 活动形式包括活动的时间、地点、内容、预期效果等。

步骤 5 小组汇报展示

制作 PPT，小组汇报展示企业会员俱乐部策划方案。

课后思考

1. 什么是客户忠诚？

2. 企业进行客户忠诚管理有何意义？

3. 什么是忠诚计划？

任务五 客户流失管理

任务情景

一位客户对店铺的宝贝特别感兴趣。小明与他聊了很久，对客户的疑问小明也解答得非常详细，但这位客户最终并未下单。聊得好端端的客户就这样莫名其妙地流失了，小明觉得很可惜。客户流失现象是如何发生的？客户询单流失的原因有哪些？怎样才能有效避免客户流失呢？

本任务通过介绍客户流失的相关知识，认识客户流失管理的重要性，了解客户询单流失原因，建立应对客户流失的管理措施，从而减少企业的客户流失。

任务目标

知识目标：

1. 认识客户流失概念。

2. 理解客户流失管理的重要性。

3. 熟悉客户流失原因分析。

4. 熟悉客户流失管理措施。

能力目标：

1. 掌握客户流失率计算方法。

2. 学会制作客户询单流失原因分析表。

素质目标：

正确看待客户流失现象，提升心理抗压承受能力，正面积极应对客户流失现象。

思政园圃

习近平总书记在《光明日报》发表的《弘扬“红船精神”走在时代前列》通稿中，首次提出并阐述了“红船精神”。文章指出：“‘红船精神’昭示我们，党和人民的关系就好比舟和水的关系，‘水可载舟，亦可覆舟’。革命战争年代，正是在‘红船精神’引领下，我们党从民族大义和人民群众的根本利益出发，充分发动并紧紧依靠人民群众夺取了政权，从此成为在全国掌握政权并长期执政的执政党。”客户就像水一样，无论是鱼儿还是舟船，都不可离开水。顺应客户的心，企业就能扬帆远航；反之，客户怨声载道，造成客户流失，那么再大的船也可能倾覆在汹涌的浪涛之中。

知识介绍

一、客户流失

如何减少客户流失？

客户流失是指因各种各样的原因导致客户转向购买其他企业的产品或服务，与企业终止合作的现象。客户流失分为完全流失和部分流失，完全流失是指彻底终止与企业合作的已经流失的客户；部分流失是指有流失倾向的客户，如失去原有合作项目或部分业务的客户、由于企业内部操作问题导致购物减少50%以上的客户、6个月没有购买本企业产品的客户。部分流失客户通过重新激活，有机会再次回购，如果企业没有给予有流失倾向的客户及时的关注，他们将会彻底转向竞争者企业，最终造成客户流失。一般来说，新客户中流失的人数要比老客户人数多。

客户流失率是客户流失的定量表述，是指流失的客户数占全部客户总数的比例，是判断客户流失的重要指标，直接反映了企业经营与管理的状况。

$$客户流失率=\frac{期初客户人数-期末客户人数}{期初客户人数}\times 100\%$$

二、客户流失管理的重要性

1. 避免企业的巨大经济损失

客户流失已经成为很多企业一直面临的难题，维护一个老客户比开发一个新客户成本费用要低得多。假设流失一位大客户，企业不仅失去了这位大客户带来的收益，还可能丢掉了与他身边好友促成交易的机会，通常损失的往往不是一个客户，而是受他连带的整个客户群。在企业的运营过程中，为了把产品推广给更多的客户，需耗费时间、精力、资源，甚至是付费买流量，这个过程付出的工作量比维护一个老客户要多5～8倍，因此，几乎所有卖家都在绞尽脑汁地维护客户。进行客户流失干预管理，可以防止客户流向竞争对手，有效避免企业的经济损失，从而节省企业的人力、物力、财力。

2. 有助于稳定企业市场规模

彼得·德鲁克曾说："衡量一个企业是否兴旺发达，只要回头看看其身后的客户队伍有多长就一清二楚了。"客户越多，企业的市场份额就越大。客户流失管理可以帮助企业稳定现有市场份额，保持企业一定的市场占有率。一旦客户流失的速度比获取新客户的速度更快，会对企业可获取的市场规模造成影响，也就意味着企业可获取的市场规模在缩小。所以企业要重视客户流失现象，不能一味追求招揽新客户。

3. 有利于发现企业运作过程中出现的问题

在实际销售工作中，无论我们的服务做得多么到位，都会面临销售额的波动和客户的流失。客户流失并不可怕，它既是危机，同时也隐藏着转机。企业管理者要一分为二看待客户流失，积极应对客户流失现象。面对突如其来的客户流失现象，企业只有及时采取措施进行改革，才能激发企业员工的潜能，使企业的运作转危为安，从而获得新生。加强客户流失管理，有利于发现企业运作过程中出现的问题，对企业的生存发展非常重要。

三、客户流失原因分析

在当前新零售、互联网+、O2O、大数据、人工智能、全网营销时代，客户越来越容易流失，很多卖家都知道自己店铺的客户在流失，但往往不清楚是哪些客户在流失，具体什么时候流失的，客户询单流失原因有哪些，客户流失会给企业的利润带来多大的影响。每个客户流失的原因都不一样，有的是因为价格问题，有的是因为运费问题，有的是因为发货时间，有的是因为规格款式缺货，有的是因为商家不支持花呗，有的是因为拍错，等等。客户流失的原因主要分为主观原因和客观原因，企业可以通过制作客户询单流失原因分析表（见表4-5-1）来分析客户流失的原因。

表4-5-1　客户询单流失原因分析表

序号	日期	电商平台	店铺名称	客户ID	客户咨询问题	未下单原因

1. 主观原因

（1）价格因素。在电子商务时代，各大平台都在进行价格战，价格永远是客户选择购买的重要原因之一，卖家可别小看一两元钱，往往客户正是因为这一两元钱而选择别家宝贝。加上比价软件，客户在线上线下对比之后，就会选择价格更便宜的渠道进行购买。很多客户等待“双十一”“618”“双十二”等电商购物节，就是希望有优惠券的时候再购买。值得注意的是，运费贵和是否包邮也直接影响着电子商务客户询单流失，因此价格因素是影响客户流失的第一因素。

（2）服务因素。电子商务交易不是面对面交易，客服人员就是销售员，在整个交易过程中发挥着关键作用。当客户联系不上客服人员时，客户就会流失，所以客服人员的响应时间、解答专业程度与客户流失息息相关。当遇到支付困难、客户退换货、发货时间长、发票问题、物流异常等一系列问题时，客服人员的言行、诚意和处理方案直接影响着客户是购买、离开，还是会重复购买。因此，服务因素是影响客户流失的关键因素。

（3）产品因素。产品因素是客户流失的主要原因。企业产品质量不稳定，客户购买后发现产品的使用效果与从实体店购买的有差别，客户感觉上当受骗，从此将企业拉进黑名单。产品的设计让客户使用体验不好，客户将不再二次购买，也就永久失去了客户。产品成分、生产日期或保质期、产地、批号、规格等与商品描述不符，少件、漏发、错发、商品包装破损等产品因素都会造成客户流失。

（4）图片因素。由于网购没有办法看到实物，因此客户了解产品主要靠图片，有一些图片像素太低，产品材质不突出，使产品没有吸引力；有一些图片视觉效果差，内容太多，杂乱无章，让客户眼花缭乱，阅读不畅，造成视觉反感；有一些图片像素太高，加载缓慢，让客户失去耐心，直接退出，导致客户还没来得及转化就已经流失。

2. 客观原因

（1）客户个人原因。在电子商务购物中，冲动型客户比较多，这主要与电子商务的购物环境有关。例如，客户在直播间购买产品时，购买决策时间短，商品限时限量，再有直播专属优惠券的推波助澜，结果客户控制不住自己，一时冲动买了不需要的商品。等客户冷静下来，发现不需要该商品时就会退货，退货原因通常是“自己不想要了”或“七天无理由退换货”，这就是由于客户个人原因造成的流失。

（2）竞争者原因。随着市场竞争的日益激烈，为了争夺有限的客户资源，竞争对手会想尽办法通过各种营销宣传手段来吸引客户。当客户感觉别家新出的产品口味、价格、包装、服务更好的时候，会经不住诱惑，抱着试一试、求新的心理，流向竞争者。

四、客户流失管理措施

1. 建立全局质检体系

在客户流失的初期，企业可以通过建立全方位、系统的质量监督检查体系发现运营中的问题，有针对性地进行解决，这样做不仅可以防止客户流失，还能改善企业自身的经营状态。建立全局质检体系主要包括产品质量质检和服务质量质检。对产品质量的质检一是通过生产源头进行把关，二是发布高质量的产品信息。通过对发布的产品实时检测，从图片质量、文本质量、交易物流信息进行优化，添加产品的质量认证证书，让客户真实感受到产品的高质量，减少客户的询单流失现象。

由于电子商务客户服务主要通过在线聊天来实现，因此对客服聊天内容进行质检是服务质量质检工作的重中之重。客服主管通过抽查客服人员聊天的内容，对需要客服人员推荐尺寸、码数或介绍使用方法，但是客服人员却让客户自己看产品详情页而没有进行解答等在工作中没有执行到位的问题进行筛选，对客服人员聊天过程进行监督管理，帮助客服人员改进聊天中的不足之处。建立全局质检体系，可以为客户提供优质的产品和服务，从而减少客户流失比例。

2. 提高对客户流失的响应速度

很多时候客服人员关注的是有多少客户成功下单了，往往很少关注有多少客户流失了，认为客户流失与我无关，当得知客户流失之后，安于现状，没有及时响应。有些客服人员仅仅停留在回答问题的层面，客户不问就不答，客户流失也不追。面对询单流失的客户，客服人员要积极主动追单，让客户感受到被尊重和重视，而不是被冷漠对待。如果客户没有得到满意的回复或诚意的补偿就会出现客户流失现象，此时，客服人员要提高对客户流失的响应速度，只要客服人员多走向客户一步，主动改善客户关系，就能减少店铺的流失订单。

3. 开启询单流失告警

询单流失告警是阿里小蜜升级后的智能质检新功能。智能质检能实现从对话录音或者对话文本海量数据中，基于智能规则和深度学习模型，分析对话内容，挖掘对话中可能存在的问题，从而帮助企业提高服务质量。智能质检是分钟级的告警，获取客户对话聊天按分钟级统计，形成趋势图，便于观察各客户的状态，在后续处理中，可以根据客户在某时间段内（例如 3 分钟内）收到的问题总数，来判断是否有询单流失的现象，以便客服等相关部门及时对相关现象做出处理。智能质检能在服务中实时告警，主要包含询单流失告警、客服违规告警及买家情绪告警。询单流失告警能提高 15%的客户挽回率，同时降低负面评价、投诉的发生率，做到及时止损。客服人员可以根据告警来调整对客户的话术，通过智能辅助手段实时降低客户的流失率。

任务实施

一、任务名称

熟悉客户流失管理

二、任务目标

通过调查分析，结合本任务的相关知识，熟悉客户流失管理的方法及技巧。

三、任务流程

任务流程如图 4-5-1 所示。

图 4-5-1 任务流程

四、任务步骤

步骤 1　识别客户流失

假设你是一家公司的客户主管，请分析公司客户流失现象，识别哪些客户在流失，具体什么时候流失的。

步骤 2　客户流失类型

根据上一步骤中公司客户流失现象，将流失的客户进行分类。

步骤 3　制作客户流失原因分析表

收集汇总客户流失的种种原因，并制作客户流失原因分析表。

步骤 4　调查公司运作过程中出现的问题

通过分析客户流失的原因，调查企业运作过程中可能造成客户流失的问题。

步骤 5　采取客户流失应急措施

根据上一步骤中公司运作过程中可能造成客户流失的问题，提出适合公司采取的客户流失应急措施。

课后思考

1. 什么是客户流失？
2. 客户流失管理的重要性体现在哪些方面？
3. 简述客户流失的主观原因。

任务六　客户服务质量管理

任务情景

分析完客户流失的原因，小明采取了相应的客户流失管理措施。小明还需要着手提升客户服务质量，让客户有更好的服务体验。那么，什么是客户服务质量？其构成要素有哪些？客户服务质量管理有什么作用？如何根据公司需要，评估客户服务质量，进行客户服务质量管理？如何才能让公司的服务升级？

本任务主要目标为介绍客户服务质量的相关知识，通过任务的实施，熟悉客户服务质量的构成要素，认识客户服务质量管理的作用。

任务目标

知识目标：

1. 理解客户服务质量的含义。
2. 认识客户服务质量的构成要素。

3. 了解客户服务质量管理的作用。

能力目标：

1. 掌握客户服务质量的评估。
2. 能够运用客户服务质量管理的策略提高客户服务水平。

素质目标：

增强服务意识，提高服务质量，树立企业质量观。

思政园圃

党的二十大报告指出“高质量发展是全面建设社会主义现代化国家的首要任务”。习近平总书记就质量问题发表了一系列重要论述，要求各地各部门和全社会更加重视质量，切实把质量摆到中心位置。发展是党执政兴国的第一要务。没有坚实的物质技术基础，就不可能全面建成社会主义现代化强国。我们要牢记党的二十大提出的高质量发展要求，树立“没有最好，只有更好”的理念，高标准对待工作，严格要求自己的言行，耐心细致，扎扎实实，不放过任何一个细节，弘扬劳模精神和工匠精神，营造劳动光荣的社会风尚和精益求精的敬业风气，为践行高质量发展贡献自己的力量。

知识介绍

一、客户服务质量的含义与构成

移动互联网时代客户服务质量管理的新思维

1. 客户服务质量的含义

客户服务质量是指客户对整体服务的感知程度，是客户的主观感受，不同客户对相同的服务感知程度存在差异。感知服务质量是客户对企业提供的服务的实际感知水平，预期服务质量则是客户对企业提供的服务的预期水平。从这个角度看，服务质量是客户的感知服务质量同其预期服务质量之间的差距。假设客户对服务的感知水平符合或高于其预期水平，则客户会获得较高的满意度，从而认为企业具有较高的服务质量；反之，则会认为企业的服务质量较低。如果客户的预期服务质量过高，哪怕他们接受的服务质量很高，仍会认为企业的服务质量较低。通常情况下，客户更喜欢从感知服务质量的角度来评价服务质量。客户对服务质量的评价不仅考虑服务的结果，还要考虑服务的过程。

2. 客户服务质量的构成

服务是客户与企业服务人员之间的接触互动过程，客户服务质量主要由技术质量和功能质量两大要素构成，即客户获得了什么样的服务和怎样获得服务，一个是服务的结果，一个是服务的过程。

技术质量主要指某项服务带给客户的价值结果，即客户能从企业提供的服务中得到的东西，包括服务所使用的设备和操作方法等技术层面的内容。例如，五星级酒店为客户提供的干净整洁的床上用品；餐厅为食客提供的特色美味佳肴；美容院为客户提供的补水美白护肤产品；健身房为客户提供的塑形减脂私教课；医院为病人提供的适当的治疗方法。技术质量是客户评价服务质量的重要维度之一，客户容易感知并进行评判。

动画微课

客户服务质量

功能质量主要指客户接受服务时的感觉，即在服务过程中服务人员的服务态度、服务行为、服务形象、服务环境等给客户带来的利益和享受。例如，商场服务人员接待客户时的态度；餐厅服务人员上菜时的动作；银行服务人员的统一着装等。功能质量取决于客户的主观感受，难以进行客观评价。技术质量与功能质量构成了客户服务质量的基本内容，两者共同影响着客户对服务质量的评价。

二、客户服务质量评估

美国的服务管理研究学者帕拉苏拉曼（A. Parasuraman）、泽瑟摩尔（Zeithaml）与贝瑞（Berry）（以下简称“PZB 学者”），对客户服务质量进行了深入研究，并将服务质量评估因素归纳为 5 个维度，得出 Servqual① 量表，如表 4－6－1 所示。

表 4－6－1 “PZB 学者”的 Servqual 量表

维度	组成项目	分值
服务的可靠性 （企业按承诺提供服务）	1. 企业向客户承诺的事情能及时完成 2. 客户遇到困难时，企业能表现出关心并提供帮助 3. 企业是可靠的 4. 企业能准确地提供所承诺的服务 5. 企业能正确记录相关的服务	
服务的响应性 （企业乐意并及时服务）	6. 不能指望企业告诉客户提供服务的准确时间※ 7. 期望企业提供及时的服务是不现实的※ 8. 企业员工并不总是愿意帮助客户※ 9. 企业员工因为太忙以至于无法立即提供服务，满足客户需求※	
服务的保证性 （企业完成服务的能力）	10. 企业员工是值得信赖的 11. 在从事交易时客户会感到放心 12. 企业员工是有礼貌的 13. 企业员工可以从企业得到适当的支持，以提供更好的服务	
服务的移情性 （企业个性化服务）	14. 企业不会针对不同的客户提供个别的服务※ 15. 企业员工不会给予客户个别的关怀※ 16. 不能期望企业员工了解客户的需求※ 17. 企业没有优先考虑客户的利益※ 18. 企业提供的服务时间不能满足所有客户的需求※	
服务的有形性 （企业实物方面的服务）	19. 企业有现代化的服务设施 20. 企业服务设施具有吸引力 21. 企业员工有整洁的着装和外表 22. 企业设施与其所提供的服务相匹配	

注：1. 问卷采用 7 分制，7 表示完全同意，1 表示完全不同意，中间分数表示不同的程度。量表中的问题随机排列。
2. ※表示对这些问题的评分是反向的，在数据分析前应转换为正向得分。

① Servqual 是“服务质量”的英文 Service Quality 的缩写。

根据上述5个维度，“PZB学者”将客户感知的服务质量属性设计成两张表，一张为期望表，一张为感知表。两张表的项目是完全一样的，都是由5个维度、22个项目所组成，期望表反映的是客户在服务前对企业服务质量的期望值，而感知表反映的则是客户对所评价企业的实际感受。测量完后将两张表中得到的结果进行对比就得到5个维度的每一个“差距分值”。差距越小，服务质量的评价就越高。Servqual量表是企业客户服务质量评估的有效工具。

三、客户服务质量管理的作用

客户服务质量管理能提升企业的质量价值观。企业质量价值观，是企业全体成员对产品和服务质量总的看法，是企业质量文化的核心内容。客户服务质量管理以追求高质量、获得客户满意作为企业经营和管理的目标，以“质量第一、客户至上”作为企业的使命和宗旨。个人质量价值观直接指导并决定个体质量行为方式，在企业中，不管是市场研究人员的调查与反馈建议，产品设计和开发人员的构思，管理者与生产者的质量行为，还是销售人员的营销推广行为、售后人员的服务表现等，都受到企业员工个人质量价值观的影响。因此，加强客户服务质量管理，增强了员工质量意识，使全体员工达成共识，上下齐心协力，为实现质量目标而共同奋斗，有利于营造企业质量文化氛围，从而提升企业的质量价值观。

四、提高客户服务质量的策略

1. 进行客户服务质量认证

质量认证是指由认证机构根据产品标准或质量管理条例，通过颁发认证证书和认证标志来证明某一产品或服务符合相应标准或规范条例的活动。进行客户服务质量认证具有十分重要的意义，对企业而言，通过进行客户服务质量认证，可以健全高效的客户服务质量体系。高端的客户服务品质能给企业带来更大的知名度和社会影响力，从而提高企业产品和服务的竞争力，给企业带来更多的利润。对客户而言，可以挑选符合自己要求的服务，从而保护自身的安全、健康和权益，避免不愉快服务体验的发生。

知识拓展

质量认证包括服务质量认证、质量体系认证、检查（审核）人员及评审员认可等。它是涉及生产、贸易、检验、标准、计量等部门的一项综合性工作。国际上已有多个国家和地区开展了质量认证工作。为了统一质量标准、简化质量认证程序，国际标准化组织（ISO）于1987年发布了《ISO9000标准系列》。这个标准系列包括5个独立标准：

《ISO9001标准》，即《选择和使用指南》，含3种模式、8种形式；

《ISO9002标准》，即《质量体系——开发、设计、生产、安装、服务模式》；

《ISO9003标准》，即《生产和安装的质量保证模式》；

《ISO9004标准》，即《质量体系——最终检验和试验质量保证模式》；

《ISO9005 标准》，即《质量成本核算要素指南》。

《ISO9000 标准系列》认证的内容包括 4 个方面：

产品：原材料、零件、部件和整机；

过程：工艺生产和全部加工过程；

服务：洗染、商业、出租车、旅馆等第三产业；

管理：技术人员素质、水平等。

2. 建立电子商务客户服务的规范

电子商务客户服务在相应的服务平台上开展，在线客服人员通过网络直接与客户进行交流。由于电子商务客户服务是企业的一个窗口，代表企业的服务形象，因此客服管理者有必要建立电子商务客户服务的规范，严格管理规范客服人员的操作行为，从而更好地升级客户服务质量。通过制定在线咨询工具接待流程、创建工单、订单处理等一系列客户服务标准，能提高客户反馈问题处理的效率和综合服务水平。此外，企业需要结合自身的服务质量状况和客户反馈的问题，在企业成长经营过程中与时俱进，不断改进和更新旧的服务规范，以便适应快速发展的电子商务客户服务的要求。

3. 推行对客户的服务承诺

服务承诺是企业提高服务质量不可分割的组成部分，通常电子商务平台商家的服务承诺有：正品保障、假一赔十、过敏包退、破损包退、送货入户、七天无理由退换货、全国联保、赠运费险、一键售后、奢享售后、尊享包装等。服务承诺有利于提升电子商务客户全链路的服务体验，若商家未履行服务承诺，需按相应标准向客户进行赔偿，以保证服务的质量。随着客户服务逐渐被看重，电子商务服务观念日益进步，企业推行服务承诺的必要性越来越强烈，客户对企业推行服务承诺的期待也越来越强烈。

任务实施

一、任务名称

熟悉客户服务质量管理

二、任务目标

通过调查研究，结合本任务的相关知识，熟悉客户服务质量管理的方法及技巧。

三、任务流程

任务流程如图 4-6-1 所示。

图 4-6-1 任务流程

四、任务步骤

步骤 1　制定客户服务质量评估方案

假设你是一家公司的客户主管，请从公司客户服务质量背景、现状、执行情况、评估思路、预期目标等方面制定客户服务质量评估方案。

步骤 2　调查客户的预期服务质量

利用 Servqual 期望表，调查客户的预期服务质量，并计算相应分值。

步骤 3　调查客户的感知服务质量

利用 Servqual 感知表，调查客户的感知服务质量，并计算相应分值。

步骤 4　对结果进行对比分析

将 Servqual 期望表和感知表的结果进行对比分析，差距越小，服务质量的评价就越高。

步骤 5　推行对客户的服务承诺

根据上一步骤中的结果分析，推行适合自己公司的客户服务承诺，从而提高客户服务质量，向预期服务质量目标靠近。

课后思考

1. 什么是客户服务质量？
2. 客户服务质量由哪些要素构成？
3. 服务质量评估因素有哪些维度？

项目习题

一、填空题

1. 售后服务是指买家购买的商品发货之后，所进行的一系列问题的____________。

2. ____________是指符合自己店铺宝贝的人群，包括地域、购物偏好、消费水平、性别等客户属性。

3. ____________是客户在企业提供的产品或服务过程中体验到的对社会利益维护的程度。

4. ____________是客户以实际行动表示对企业产品或服务的喜爱或拥护。

5. ____________是指彻底终止与企业合作的已经流失的客户。

6. ____________是企业全体成员对产品和服务质量总的看法，是企业质量文化的核心内容。

二、选择题

1. 催同意退款申请，未发货退款处理退款时间为（　　）小时，售后客服如逾期未响应申请，视作同意买家申请，系统会自动退款给买家。

A. 24　　B. 36　　C. 48　　D. 72

2. 重要潜在客户是淘气值为（　　），高购买频率的买家。其购买能力强，购买频率高，属于企业优先考虑可以发展的重要潜在客户。

A. 400　　B. 500　　C. 800　　D. 800 以上

3. 当店铺收到差评时，以下对评价进行管理的措施错误的是（　　）。

A. 向客户了解不满的原因　　B. 要求客户进行修改

C. 尽可能满足客户的合理需求　　D. 主动提出售后服务

4.（　　）是指多家合作企业使用同一个积分系统，客户凭一张卡就可以在不同商家进行积分，并能较快获得积分奖励。

A. 联盟积分计划　　B. 会员特权和服务

C. 会员俱乐部　　D. 独立积分计划

5.（　　）是影响客户流失的第一因素。

A. 服务因素　　B. 价格因素

C. 产品因素　　D. 图片因素

6. 企业完成服务的能力属于客户服务质量评估因素的（　　）维度。

A. 服务的可靠性　　B. 服务的响应性

C. 服务的有形性　　D. 服务的移情性

三、简答题

1. 客户投诉处理的一般流程有哪些步骤？
2. 开发潜在客户需要考虑哪些客户特征？
3. 培养电子商务客户的忠诚度有哪些措施？
4. 客户流失的客观原因包括哪些？
5. 开展客户流失管理一般有哪些措施？
6. 如何提高客户服务质量？

项目五

客服团队管理

项目概述

团队是由基层和管理层人员组成的一个共同体，通过发挥成员的能力，协同工作，共同解决问题，以达到共同的目标。团队管理是现代企业管理中的核心内容，出色的团队管理能发挥“1+1>2”的作用，能取得比个人独干更好的成绩。因此，在企业部门实行团队管理后，能提升企业的综合水平，并有助于改进企业的经营战略。有效开展客服团队管理，有助于提升对客户的服务质量，有助于更高效地完成绩效目标。善用团队管理，对于激发员工潜能、协助问题解决、增进组织认同、提升效率与效能都具有十分重要的作用。本项目从团队规划、人员招聘、团队培训、绩效管理四个团队管理的核心内容，来介绍客服团队管理与建设的知识。

任务一 团队规划

任务情景

小明通过认真工作，努力拼搏，在工作中取得了优异的业绩，很快就被公司提拔为客服主管，协助部门经理开展部门的日常管理工作。公司近期有个新项目上线运营，需要客服部配合完成。小明应如何优化客服团队，以便更好地完成公司的战略任务呢？

本任务通过介绍客服团队规划的方法，明确客服团队的重要性，了解规划客服团队的基本步骤，认识客服团队的基本架构，为客服团队建设打好基础。

任务目标

知识目标：

1. 明确客服团队的重要性。

2. 了解规划客服团队的基本步骤。

3. 认识客服团队的基本架构。

能力目标：

能根据企业的战略合理规划客服团队。

素质目标：

培养奉献精神，树立团队意识。

思政园圃

党的二十大报告指出“团结就是力量，团结才能胜利”，团结奋斗是中国人民最宝贵的精神品质，是中华民族发展的重要力量，“团结才能胜利，奋斗才会成功”是中华民族团结奋斗精神的高度凝练。“人心齐，泰山移”，团队精神是大局意识、协作精神和服务精神的集中体现，核心是协同合作。在客服团队建设中，需要发扬团队精神，充分发挥集体的潜能，齐心协力，团结互助，攻坚克难，勇往直前。

知识介绍

如何做好客服团队管理

动画微课

客服团队

一、客服团队的重要性

建设一支优秀的客服团队，是企业的一项重要的工作。在体验为重的时代，企业与客户之间不再是单纯的钱货交易，而是更多地关注客户的感受。要想让客户有良好的购物体验，就需要及时响应及处理客户需求。如果客户咨询的问题不能得到及时回复，过长时间的等待会降低客户的购物体验，进而影响对企业的评价。因此，企业需要组建一支素质过硬的客服团队，保证有足够的在线客服人员分流服务，保障每一位客户得到及时的服务响应。与此同时，客服人数并非越多越好。如果在岗人数过多，客服人员的工作量处于不饱和状态，不但会增加企业的人员成本，也不利于激发客服人员的工作积极性。

知识拓展

企业人力资源规划通常包括三方面的内容，分别为：人力资源数量规划、人力资源质量规划和人力资源结构规划。人力资源数量规划通常又称为定编，目的是确定企业有多少人，以及企业未来需要多少人；人力资源质量规划通常又称为能力模型和任职要求规划，是为了确定企业的员工质量怎么样，未来需要什么样的人；人力资源结构规划又称为层级规划，是为了确定企业现有的分层分级结构，以及未来合理的分层分级结构。

事实上，企业人力资源数量、质量和结构规划，三者是相辅相成、同时进行的。我们不可能撇开其他两种规划单独做某一种规划，尤其是在做数量规划和质量规划时，都是在层级结构确定的情况下进行的。人力资源结构规划是确保人和职位相互匹配，确保在此职位上的人能有效协助公司达成战略目标的关键。

二、规划客服团队

客服团队结构规划是客服人员数量规划和质量规划的前提。一般而言，客服团队结构规划工作分为五个步骤。

1. 明确岗位职责

根据企业的价值链，明确客服岗位的主要职责和工作内容。价值链是岗位分类的依据，各企业所处的行业不同，价值链各异，岗位分类也会各不相同。比如，A公司属于生产型企业，它的价值链主要由研发、采购、生产、营销、运输、技术支持和职能管理等关键环节组成，客服岗位占比相对较少；B公司属于贸易型企业，它的价值链主要由开发货源、招标采购、客户开发、客户关系与服务、职能管理等关键环节组成，客服岗位需求比A公司的占比相对要多；C公司属于客服外包服务企业，它的价值链主要是为合作企业提供客户服务整体解决方案、呼叫中心运营外包、电商后台运营外包、呼叫中心及电商后台人才培训、营销服务外包、企业云客服等客服外包服务，因此这类企业的客服团队就更为重要。

2. 客服岗位分层

通过对客服工作进行分层，以达到客服岗位的分层设置。工作分层是职位分层的基础，尽管因为各家公司对工作分层的关注点各有不同，相应的职位分层也有所差别，但总体来看，按照工作性质将职位进行分层，是企业普遍采用的方法。比如，A公司将公司工作分成决策类工作、管理类工作、执行类工作、操作类工作，因此，其职位也相应地分成决策类、管理类、执行类、操作类四个层次；B公司将工作分成规划创造类工作、业务管理类工作、执行应用类工作、辅助支撑类工作四个层次，因此，它的职位也分成规划创造类、业务管理类、执行应用类、辅助支撑类四个层次。

3. 人员结构诊断

根据工作和职位分层情况，对企业现有的人员结构状况进行诊断。诊断的关键包括三个方面：一是通过定性的方式进行诊断，即诊断现有的人员结构是否能够满足业务发展的要求；二是通过定量的方式进行诊断，即诊断现有人员结构与他们所承担的工作任务量结构之间的关系，两者的匹配程度；三是通过标杆比对的方式进行诊断，即诊断现有人员结构与公司选定的标杆企业之间的差距，以此明确未来改进的方向。

在上述三个方面的诊断中，第一种诊断的信息主要来自企业高层和业务部门负责人，他们对现有人员能否满足业务发展要求的感受最为深刻，因此，通过访谈了解他们对人员结构问题的信息是有价值和有现实意义的。但是这种访谈得出的结论有一个缺陷，它是定性的而非定量的，在说服力方面显得不足。因此，在问题定性的情况下，进一步开展定量分析和标杆比对就成了诊断的关键。

4. 厘清战略要求

厘清企业战略对客服团队结构的要求。进行客服团队结构规划的目的是有效达成公司战略目标，因此，厘清企业战略对客服团队结构的要求，是客服团队结构规划中关键的步骤。

5. 优化团队结构

对客服团队结构进行优化。通过对比现状和未来发展结构之间的差距，同时考虑企业人工成本的情况，对未来企业人员结构提出优化建议。当客服团队发展目标明确以后，企业需要规划客服团队建设的步骤，不仅要关注成本因素，更要关注人员成长的规律，要做好培训、招募等相应的配套工作。

从上述五个步骤的分析可以看出，客服团队结构规划工作是一项难度大、挑战性高的工作，这项工作做不好，不仅会影响人力资源数量和质量规划的效果，而且会影响企业战略目标的达成。要做好这项工作，不仅需要掌握相关的工具和方法，而且要对企业经营战略有深入的理解和把握。

三、客服团队的基本架构

根据客服团队的规划，管理者可以初步设计客服团队的基本架构。不同的客服团队的结构，其作用是不一样的，适用于不同的企业。团队结构往往是叠加设计的，管理者应该根据企业自身的整体架构、管理风格、经营项目、市场情况以及客户需求进行合理的规划，并根据发展的需要进行适当的调整。

1. 综合型客服团队结构

综合型客服团队结构，如图 5-1-1 所示。该种团队结构的特点是人员配置少，处理的事务相对较多，内部分工不是很细。综合型客服团队结构比较适用于小型企业和刚刚开始发展的企业。在综合型客服团队结构中，客服工作融入前台和后台的服务人员的工作范

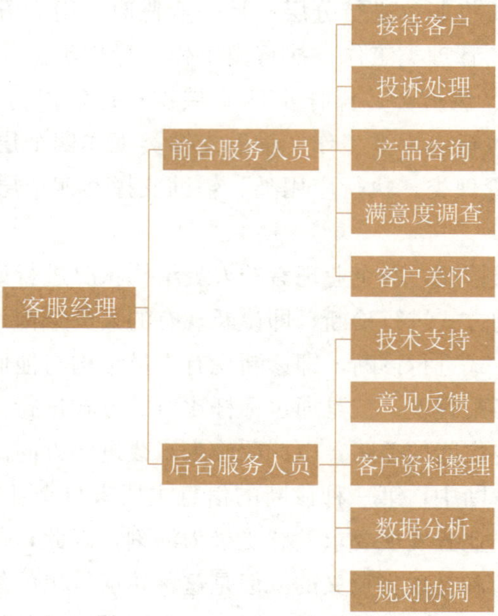

图 5-1-1 综合型客服团队结构

围中，这样可以避免人力资源的浪费，但是会造成人员分工的不明确。因此这种结构要求一线服务人员具有较强的处理问题的能力及较强的协调能力。

2. 职能型客服团队结构

职能型客服团队结构，如图 5-1-2 所示。该种团队结构的特点是根据不同的职能划分各个岗位，不同的岗位有着不同的职责。这种结构下，客服人员的职责非常明确，客服团队中高级管理人员的管理权限被分散，符合现代企业管理的思路。这种结构对于客服团队的职责划分要求非常高，一般适用于事务比较复杂，客户量比较大的企业，比如物流公司、人力资源外包公司等管理水平较为先进的大中型企业。

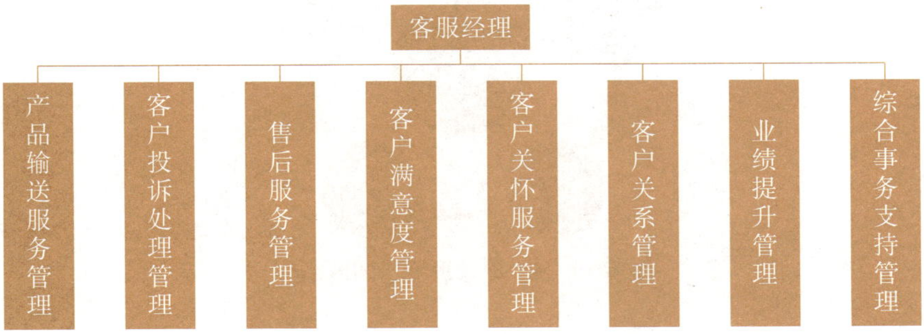

图 5-1-2　职能型客服团队结构

3. 金字塔形客服团队结构

金字塔形客服团队结构，如图 5-1-3 所示。该种团队结构的特点是管理人员比较多，各个岗位的职能比较细致。客服总监和客服经理位于该结构的高层，主要负责整个客服团队的管理、服务战略的规划和客户服务设计等工作。其下根据不同岗位职能设计不同层级的管理人员和基层服务人员。这种客服团队结构，比较适用于岗位体系较完善的大中型企业，以及专门的销售型客服团队等。

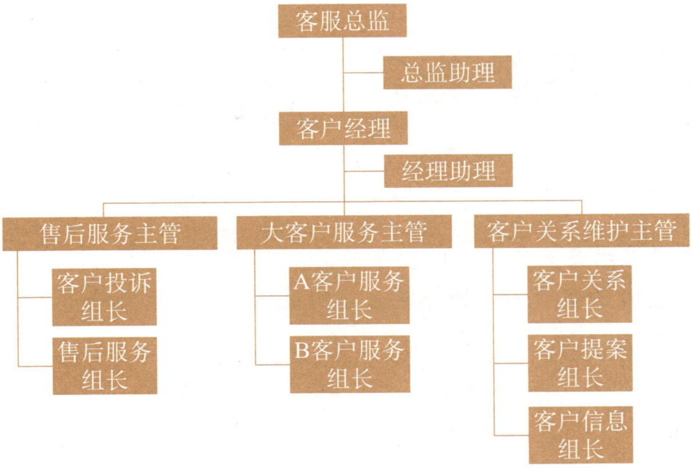

图 5-1-3　金字塔形客服团队结构

4. 流线形客服团队结构

流线形客服团队结构，如图 5-1-4 所示。该种团队结构的特点是专业、高效的流水线式的作业方式。流线形客服团队结构各个岗位责权分明，比较重视团队合作能力。客服管理人员的主要职能是协调和控制，具体的事务由不同的基层客服人员来完成。这种结构有利于增强团队中成员的主人翁责任感，但是它的致命缺点是任何一个岗位的工作出现差错就容易影响整个工作的进度和效果。这种组织结构主要适用于管理较为灵活、开放、成熟的企业，比如知识型、艺术型企业（如广告公司），高科技型企业（如软件公司）。

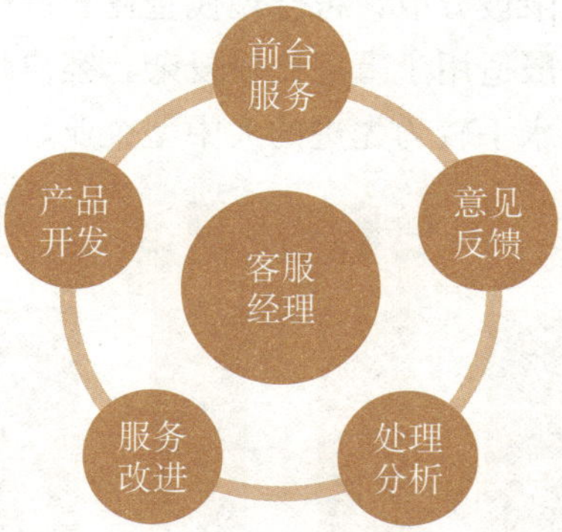

图 5-1-4　流线形客服团队结构

任务实施

一、任务名称

熟悉团队规划

二、任务目标

通过调查分析岗位现状，结合本任务的相关知识，熟悉团队规划的方法及技巧。

三、任务流程

任务流程如图 5-1-5 所示。

图 5-1-5　任务流程

四、任务步骤

步骤 1　明确岗位职责

假设你是一家企业的负责人，请分析企业的价值链，然后在表 5-1-1 中写出客服岗位的主要职责和工作内容。

表 5-1-1　岗位职责分析

项目	分析内容
企业名称：	
主营业务：	
客服岗位职责：	

步骤 2 客服岗位分层

请根据上一步骤客服岗位职责的分析结果，进一步分析客服岗位的层次，对客服岗位进行分层设计，把结果填写在表 5-1-2 中。

表 5-1-2 岗位层级分析

序号	客服层级名称	岗位职责
1		
2		
3		
4		

步骤 3 人员结构诊断

根据工作和岗位分层模型，对企业现有的人员结构状况进行诊断。

(1) 通过定性的方式进行诊断，诊断现有的人员结构是否能够满足业务发展的要求。

(2) 通过定量的方式进行诊断，诊断现有人员结构与他们所承担的工作任务量结构之间的关系，两者的匹配程度。

(3) 通过标杆比对的方式进行诊断，诊断现有人员结构与选定的标杆企业之间的差距，以此明确未来改进的方向。

步骤 4 厘清战略要求

厘清企业战略对客服团队结构的要求。

步骤 5 优化团队结构

通过对比现状和未来发展结构之间的差距，同时考虑企业人工成本的情况，合理设计客服团队结构，画出团队结构图。

步骤 6 协作与展示

以小组协作的形式，介绍与展示团队规划成果。

课后思考

1. 建立客服团队对企业有哪些重要性？

2. 规划客服团队有哪些工作步骤？

任务二 人员招聘

任务情景

在完成团队规划后，小明根据团队结构优化后的结果，开展相关的招聘工作，为客服团队补充所需的人才。那么，小明应通过哪些渠道开展人员招聘呢？在组织招聘过程中，需要设置哪些主要环节？在此过程中要注意哪些事项才能保障招聘工作的顺利开展？

本任务通过介绍招聘的相关知识，认识客服招聘的有效渠道，了解客服招聘的重要环节，明确招聘过程中的注意事项，为企业开展人员招聘打好基础。

任务目标

知识目标：

1. 了解招聘的概念。
2. 熟悉招聘渠道。
3. 熟悉招聘环节。
4. 了解招聘注意事项。

能力目标：

能根据团队结构优化的结果，开展相关的招聘工作。

素质目标：

树立正确的人才观，养成工作事前计划的良好习惯。

思政园圃

党的二十大报告提出“深入实施人才强国战略”，强调坚持尊重劳动、尊重知识、尊重人才、尊重创造，完善人才战略布局，加快建设世界重要人才中心和创新高地，着力形成人才国际竞争的比较优势，把各方面优秀人才集聚到党和人民事业中来。在电商经营中，经营者需要重视培养人才、团结人才、善用人才、成就人才。健全人才评价，延伸技术技能人才评价贯通领域，大力推动企业自主开展职业技能等级认定，促进产业转型升级、赋力创新创造，探索构建充分体现知识、技术等创新要素价值的收益分配机制，不断提升人才成就感、获得感。

知识介绍

一、招聘

警惕招工诈骗新套路

招聘就是企业通过劳动力市场或人才市场获取人力资源的活动。企业需要根据自身发展的需要，依照市场规则和本企业人力资源规划的要求，通过各种可行的手段及媒介，向目标公众发布招聘信息，并按照一定的标准来招募、聘用组织所需人力资源。作为人力资源管理中的重要环节，客服人员招聘涉及规划、途径、组织和实施等许多方面，它是企业获取客服人力资源的第一环节，也是选拔客服人员的基础。

二、招聘渠道

客服招聘可以通过企业招聘、校园招聘、职业中介机构、内部推荐等渠道开展，如图 5－2－1 所示。

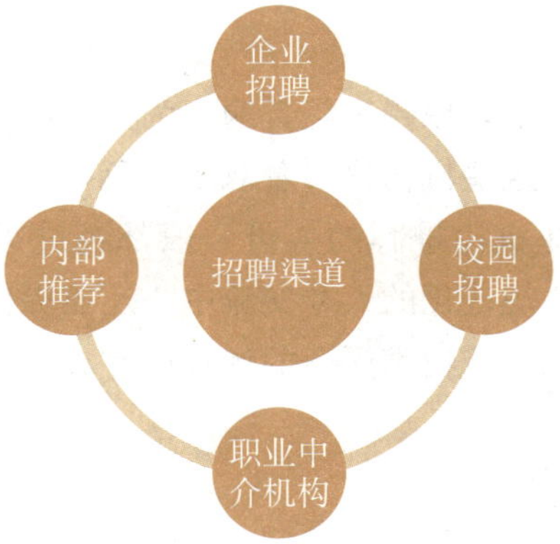

图 5－2－1　客服招聘渠道

1. 企业招聘

企业招聘是企业人事部门或者人力资源管理部门根据企业发展的需要，制订招聘计划，自行组织举办招聘活动，选拔录取新员工的一种方式。企业招聘是成本最小、最常用的招聘渠道。因为是企业自行组织的招聘，所以能与应聘者直接进行交流，能直接了解应聘者的素质条件，能有效快捷地挑选合适的人员。同时，企业官方的招聘能给应聘者带来很高的可信度。由于客服岗位招聘人数比其他岗位多，因此要求有较快的招聘速度。企业招聘方式下，企业的招聘信息曝光率相对较低，对于知名度不高的企业来说，开展招聘工作有一定的难度。

2. 校园招聘

校园招聘是企业人事部门或者人力资源管理部门根据企业发展的需要，制订招聘计划，参加学校组织和举办的校园招聘会，录取新员工的一种方式。校园招聘中的应聘者普遍是年轻人，学历较高，工作经验少，可塑性强。这类员工进入工作岗位后能较快地熟悉业务、进入工作状态，所以此招聘渠道一般适用于招聘专业职位或专项技术岗位人员。如果招聘企业重在员工知识结构的更新和人力资源的长期开发，校园招聘是首选渠道。当然，校园应聘者缺乏工作经验，企业在未来的岗位培训上成本较高，且不少学生由于刚步入社会对自己的定位还不清晰，工作的流动性可能较大。随着产教融合的深入开展，校企合作不断加深，共同育人、合作研究、共建机构、共享资源等方式有效提升了学生的技能，能更好地对接工作岗位，有效弥补了校园招聘的短板。

知识拓展

校企合作是指学校与企业建立的一种合作模式。当前社会竞争激烈，包括教育行业，职业教育院校为谋求自身发展，抓好教育质量，采取与企业合作的方式，有针对性地为企业培养人才，注重人才的实用性与实效性。校企合作是一种注重培养质量，注重在校学习与企业实践，注重学校与企业资源信息共享的“双赢”模式。校企合作实现了应社会所需，与市场接轨，与企业合作，实践与理论相结合，为教育行业发展带来了一片春天。

3. 职业中介机构

随着经济的发展，人才流动现象越来越普遍。为了适应这种需求，许多城市出现了人才交流中心或职业介绍所等。这些机构扮演着双重角色，既为企业、单位选人，也为求职者选工作单位。由于通过专业机构推荐的人员一般都经过了筛选，因此招聘成功率比较高，上岗效果也比较好。一些规范化的人才交流中心还能提供后续服务，使招聘企业感到放心。针对性强、费用低廉都是该招聘渠道的优点所在。

知识拓展

猎头公司渠道是职业中介机构中比较特殊的一种，通过这一渠道招聘的多是公司中高层职位。通过猎头公司招募的人员特点是工作经验比较丰富，在管理或专业技能上有着特殊之处，在行业中和相应职位上是比较难得的人才。这个渠道在公司招聘中也存在一定的需求，因为企业的中高层岗位一般都有现职人员，在没有物色到更佳的替换对象前，调整决定尚掌握在企业领导层面，不适宜通过媒体大张旗鼓地进行公开招聘，影响现职人员的工作积极性；而能够胜任这些岗位的候选人也多已名花有主，薪水、地位相当有保障，不会轻易“跳槽”，即便有换单位的意向，也较倾向于暗箱操作，不愿在去向未定之前让领导、同事知道，他们投寄应聘用材料和参加招聘会的可能性不大，所以猎头公司能在公司和个人需求之间进行较好的平衡。

4. 内部推荐

内部推荐也是公司招募新员工的渠道之一，在现实生活中也很常见。内部推荐是比较有效的一种渠道，主要表现在新员工进入公司后离职率低，工作满意度较高，工作绩效较好。这类应聘者多数是公司内部员工熟知的亲人或朋友，对公司内部信息和岗位要求有比较清楚准确的认识；而公司内部员工对被推荐者较为熟悉，会根据岗位的要求考虑其是否具备相应的条件。此类员工进入公司后能较快地融入公司内部关系网络，得到更多的帮助和指导，因而在短时间内就会有较好的工作表现。但采用该渠道时也应注意一些负面影响：一些公司内部员工也许纯粹为朋友亲人争取一个职位而没有考虑被推荐人是否合格，更有甚者则是为了栽培个人在公司的势力，在公司重要岗位安排自己的亲信，形成小团体，这会影响公司正常的组织架构和运作。

三、招聘环节

招聘流程主要分为 3 个阶段：简历筛选、电话面试、部门面试（见图 5－2－2），客服岗位招聘适用此流程。

图 5－2－2　招聘流程

1. 简历筛选

这一轮的考核重点有三个方面：一是年龄，客服岗位基本都是低龄化的，所以企业会优先选择比较年轻的应聘者。二是学历，普通的客服岗位一般要求高中以上的学历。近年来随着高职扩招，人才竞争加大，企业对学历的要求有所提高。三是工作经验，有些特定的岗位需要相关工作经验才能胜任。

2. 电话面试

这一轮的考核重点有四个方面：一是考查其语言表达能力，因为很多客服岗位需要与客户沟通，帮助解决相关问题，应聘者的语言表达能力十分重要；二是考查其应变能力；三是要对其个人状况进行初步了解，个人状况相对稳定的应聘者更占优势；四是薪酬待遇，企业了解应聘者的期望薪酬后，选择和企业提供的岗位薪资标准相差不大的应聘者。

3. 部门面试

客服部门主管和人力资源部门主管会参加面试，有时候也会请客服培训师、质检师或者带过新人的资深客服一起参加面试。客服部门主管的面试重点是考查专业能力，专业能力包括服务技巧、服务意愿、投诉处理的技能、应变能力、情商。除此之外，客服部门主管还要考查应聘者的过往工作经验和客服岗位的匹配程度等。在客服部门主管面试之后，人力资源部门主管要对前一轮面试结果进行复核，还要再考查综合能力，进一步了解应聘者的动机、性格、素质、职业规划、抗压能力、学习能力等，以及应聘者的薪资要求、到岗情况。针对客服这个岗位，可能还要了解应聘者住址，因为客服很多时候需要轮班，其中包括夜班、周末班，如果住址距离公司太远，上下班会很不方便。

四、招聘注意事项

目前国内的人才市场从整体上来讲不缺求职应聘者，但随着人们对美好生活的向往，企业对客服人员的需求日益增长，不少企业面临着招人难的困境。人力资源部门经常为填补企业的人员空缺而焦头烂额，这说明，不管应聘者多或少，想要寻找到最合适的那个人选，依然是一件不容易的事情。因此，在招聘过程中注意一些事项，可以让招聘工作开展得更顺畅。

1. 确认岗位需求并排列优先次序

在招聘之前需要和用人部门确认清楚岗位的需求，以便在面试中对人选进行考查和筛选，这样才能够准确地寻找到合适的人选。很多时候，人力资源部门会因为找不到合适的人选而感到苦恼，因为面对用人部门的需求，再对比企业所能够给出的条件，以及对比人选所期望的条件，往往会存在不少的差距。

任何企业都希望招到最好的员工，但事实上很难找到能够完全符合要求的人选。因此，需要在众多岗位需求里面，确认哪些是首要的需求，哪些是次要的需求，或者说是可以放宽和调整的需求。这样，才能够在合理的时间内快速找到不同质量级别的人选供用人部门挑选。

2. 管理好人选的期望值

人选期望值，就是人选希望入职后所能获得的岗位级别、薪酬福利，以及上班时间和环境等其他条件。有些企业在找到人选后，便迫不及待地进行面试，等到确定录用的时候，才开始了解人选的期望，一旦人选的期望过高，就会造成两种情形：一是企业需要承担更高的人力成本对人选进行录用；二是人选不能接受低于期望的条件，选择了放弃。

想要规避这种情况，需要在第一次接触人选的时候就提前了解人选的期望值，做到心中有数。在后续的接触中，持续向人选输出企业文化、岗位发展空间等信息，来加强企业对人选的吸引力，同时通过面试适当地打压人选的期望值，做到循序渐进地管理期望。

3. 给人选做好面试辅导

有条件的企业给应聘人员做面试辅导，不是引导应聘者掩饰自己的不足，而是引导他们更好地展现出自己真实的能力。企业可以将面试的形式、面试官的岗位及面试风格、面试的注意事项提前告知应聘者，帮助应聘者做好充足的准备，正常地展示自己的实力，避免部分有能力的人选因为来不及适应面试官的谈话而遭受淘汰。

4. 营造良好的面试体验

应聘者的面试体验会直接影响其对企业的印象。良好的面试体验，可以加强应聘者对企业的好感度。反之，糟糕的体验会影响应聘者的入职意愿。想要营造良好的面试体验，关键是安排好面试的细节，可以把面试安排在专用的面试地点（如面试室、谈心室、小型会议室），这样可以消除一些潜在的干扰，防止无关人员影响面试过程。面试过程中尽可能不接听电话，保持对应聘者的尊重。在面谈开始的时候，面试官可以向应聘者介绍此次面试的一些基本背景，坦诚地说明一些基本情况，营造一种宽松的氛围。严谨、清晰、合理的面试安排，可以让应聘者感受到企业的专业度。

5. 及时反馈

及时反馈，能给应聘者带来良好的体验，同时也是企业在招聘市场上树立良好的雇主形象的重要行为。对于最终被录用的人选，很多企业都能够相对及时地给予反馈。但是对于没能进入下一阶段的应聘者，往往就会忽略，要等应聘者咨询才告知面试落选，这样会给应聘者留下十分不好的体验。不管应聘者是否被录用，都应及时给予反馈。礼貌和及时的反馈，能为企业树立更好的口碑。

任务实施

一、任务名称

熟悉人员招聘

二、任务目标

通过面试模拟，结合本任务的相关知识，熟悉人员招聘的方法及技巧。

三、任务流程

任务流程如图 5-2-3 所示。

图 5-2-3　任务流程

四、任务步骤

步骤 1　拟定招聘要求

根据本项目的上一任务“优化团队结构”得出的结果，拟定招聘岗位及招聘要求。

步骤 2　撰写招聘公告

根据招聘岗位及要求，为企业撰写一份招聘公告。

步骤 3　选定招聘渠道

根据本项目的上一任务中企业的情况，选择合适的招聘渠道。

（1）选择的招聘渠道：____。

（2）选择的理由：____。

步骤 4　模拟面试过程

模拟应聘者通过投递简历、院系推荐等程序得到面试机会，同学之间互相扮演面试官和求职者角色，通过仿真的面试问答，使参与者体会到面试的氛围并找到自己面试的弱点，有机会的话还可以通过模拟练习加以提高。

步骤 5　协作与展示

以小组协作的形式，介绍与展示人员招聘的过程。

课后思考

1. 什么是招聘？
2. 客服招聘一般有哪些渠道？

任务三 团队培训

任务情景

在完成人员招聘工作后，企业应让新员工尽快了解企业文化、掌握岗位技能、进入工作状态。领导安排小明制订开展团队培训工作的计划，通过培训让新员工更好地做好工作准备。此外，因电商知识更新迭代速度快，对于老员工也需要进行相关的培训。那么，新入职人员的岗前培训和日常培训有什么不同？如何根据企业需要，组织开展客服团队的相关培训？

本任务通过介绍培训的相关知识，明确岗前培训的主要内容，认识客服人员开展日常培训的必要性。通过任务的实施，熟悉企业开展培训的主要工作流程。

任务目标

知识目标：

1. 熟悉团队岗前培训的内容。
2. 熟悉团队日常培训的内容。

能力目标：

能根据企业需要，组织开展客服团队的相关培训。

素质目标：

培养职业培训的认同感，树立正确的职业价值观。

思政园圃

党的二十大报告提出“深入实施人才强国战略”，要求加快建设国家战略人才力量，努力培养造就更多大师、战略科学家、一流科技领军人才和创新团队、青年科技人才、卓越工程师、大国工匠、高技能人才。电商经营者在经营过程中，要根据产业发展的需要，着力培养人才创新精神和创新能力，完善高等教育学科专业结构和人才培养结构，进一步加强科学、技术、工程和数学教育，瞄准科技前沿和关键领域，推进新工科、新医科、新农科、新文科建设，加快培养紧缺人才。

知识介绍

一、岗前培训

岗前培训的培训目标很明确，就是在完成培训后，客服人员能独立应对客户的咨询，妥善处理不同状态的订单，搭建好企业与客户沟通的桥梁，为客户提供优质的服务。要想达到这样的能力水平，需要完成岗位心态培训、平台规则培训、软件工具培训、商品知识培训、服务能力培训，如图 5－3－1 所示。

客服外包团队是如何培养客服人员的

图 5－3－1　岗前培训的内容

1. 岗位心态培训

岗位心态培训是指针对企业人员对生活、对工作的观念与态度进行调整，树立起正确的、积极的观念，帮助员工实现目标、取得成功的一种培训方式。岗位心态培训能帮助新入职员工快速认知团队与岗位，树立良好的工作态度，在掌握必要的职业技能的同时，让自己全身心地投入新工作中去。

客服人员每天需要接待各种各样的客户，处理大量的问题，心理和精神压力较大。如果遇到脾气急躁、情绪多变的客户，客服人员需要控制好自己的情绪，切勿将自己的情绪转移到客户身上，否则会激化矛盾。客服人员需要保持良好的心态，以换位思考的态度为客户处理问题。对于客户要以诚相待，真心为客户提供切实有效的咨询和帮助。

心理问题容易给企业和团队造成负面影响，如缺勤率、离职率升高，人际冲突增加，工作积极性和工作效率下降等。因此，客服人员心理问题已成为团队管理的重要问题。企业需要对客服人员进行岗前心态培训，引导员工学会调整心态，以积极阳光的心态投入工作。

2. 平台规则培训

平台规则是规范用户行为，维护平台健康平稳运营而制定的条款和要求。违规行为的认定与处理都是基于平台规则进行的。客服人员应该把自己放在企业的角度来了解平台规则，更好地把握交易尺度。如遇客户第一次在网上交易，不熟悉操作流程，客服人员需要悉心指导客户进行操作。因此，客服人员必须熟悉平台规则，否则容易触犯平台及行业规则，带来不必要的麻烦，影响店铺的正常运营。

客服人员在上岗前需要进行规则考核，笔试应该要求满分，如果考不到满分需继续学习。客服人员对规则的学习没有捷径，应多看多学多记，对关键的平台规则要烂熟于心。客服人员需要通过场景模拟不断练习，以避免掉入涉及规则的一些常见的聊天陷阱中。每一位客服人员对于规则这条警戒线，一定要保持高度警惕的状态。

3. 软件工具培训

“工欲善其事，必先利其器”。客服人员一般不需要具备太高深的计算机操作技能，但是需要对计算机有基本的认识，具备操作常用软件工具的能力，包括掌握 Word 和 Excel 等办公软件的基本操作；会发送电子邮件；会管理电子文件；熟悉上网搜索和找到需要的资料；掌握常用客服软件的操作；熟悉商家后台中心页面等。对这个环节的考核，主要通过上机实操完成。

4. 商品知识培训

一名合格的客服人员，应当对商品的种类、材质、尺寸、用途、注意事项等都非常熟悉，还应当了解行业的有关知识，甚至还需要对商品的周边知识有一定的了解。不同的商品适合不同的人群，比如化妆品，不同的肤质在选择化妆品时会有很大的差别；又如衣服，不同年龄、不同生活习惯的人会有不同的需要；再如玩具，有些玩具不适合太小的儿童，有些玩具不适合太大的儿童等。这些情况都需要客服人员对商品有基本的了解，才能在工作过程中体现专业性，才能为客户带来可靠的服务。

在做商品知识培训时，可以让客服人员通过视觉、触觉和使用体验全面地学习商品知识，并且把这些商品知识转化成商品卖点传递给客户。

5. 服务能力培训

服务能力是客服人员的一项重要能力，培训可提升客服人员的服务意识和服务能力。服务能力包括：全心全意服务于客户，为其解决问题并提供超值服务；清晰了解客户的需求，并主动为客户提供服务及其他有用信息；迅速及时地解决客户的问题，不推卸责任，不拖延，即便不是自己的过错造成的问题，也能立即采取行动解决问题，而不是先追究责任；能就如何提高客户满意度提出可行性建议，发掘超出客户期望的服务机会。

对于一些重点的服务环节，在培训后可以同步做随堂测试，并且针对客服人员理解薄弱的环节进行二次重点培训，力求让通过培训的客服人员在上岗后，都能独立妥善处理好各种常见问题。

二、日常培训

很多企业目前只对新客服人员做上岗前的培训，忽略了上岗后的客服人员的成长培养以及业务水平的提升。这样的客服团队很容易遇到能力提升的瓶颈，毕竟仅靠个人学习，成长是缓慢的。在电商高速发展的环境中，客服团队更需要保持不断学习的状态。主管需要根据客服的不同层级，针对每个阶段客服人员的工作瓶颈，组织系统性的分阶段学习。

1. 新客服的培训

上岗半年内的客服人员基本上还属于新客服人员，对他们的培训通常以解决日常工作问题为重点。通过每天的工作复盘，找出工作中存在的不足，及时进行改正，避免错误重复出现；每周组织客服人员进行一次团队讨论，分析讨论解决主管设计的主题。同时，对近期的流失订单进行筛选，选出有代表性的案例，共同分析订单中存在的问题，讨论找出订单流失的关键原因，然后得出相应的解决方案。一名客服人员在遇到问题时制定的解决方案，会成为团队其他客服人员的宝贵经验，其他客服人员在遇到类似的问题时，就可以参考使用，选择最佳的处理方案。

通过这样的培训，一方面能让新员工及时发现问题，在得到帮助后快速解决问题，提升业务水平，积累工作经验；另一方面，能通过讨论加强团队交流，增进团队感情，帮助新员工更快融入团队。

2. 客服的常规培训

（1）更新知识与技能。电商是近十年来发展最迅速的行业之一，很多行业新规则在不断地建立，需要客服人员及时掌握。因此，不论是岗前的基础培训，还是上岗后的能力培训，都需要客服主管定期组织开展，把客服人员的常规培训作为工作的职责之一。通过培训，让客服人员获知行业的前沿信息，提升知识水平，掌握新工具、新技术的运用。

（2）心理调节与辅导。解决心理压力的根本途径是培养客服人员良好的心理素质和增强客服人员的心理承受能力。通过加强心理知识的普及和宣传，加强心理素质的培养和训练，增强心理承受能力，让客服人员了解心理发生变化的规律以及心理的调适方法，在遇到心理压力时能恰当地进行自我调适，通过情绪转移、自我宣泄、改变认识、寻求支持等方式将压力转化为动力，加强自我放松，提高承受能力。

（3）分享与经验积累。要鼓励有经验的客服人员定期做分享，不管是成功的案例，还是失败的案例，对于团队其他客服人员都有很好的借鉴作用，并且可以在分享的过程中挑选出未来的主管和团队培训师。表达是在任何岗位中都非常重要的能力，而在分享经验的过程中，恰巧可以选出团队中表达能力出众的人才，进行重点培养。

任务实施

一、任务名称

熟悉团队培训

二、任务目标

通过任务实施，结合本任务的相关知识，熟悉团队培训的方法及技巧。

三、任务流程

任务流程如图 5-3-2 所示。

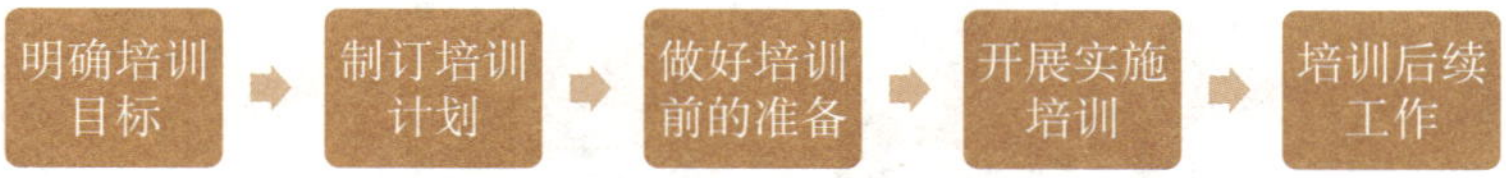

图 5-3-2　任务流程

四、任务步骤

步骤 1　明确培训目标

通过岗前培训，一是帮助新入职的员工对企业进行全方位的了解，认识并认同企业文化，坚定自己的职业选择，接受企业的理念和管理规范；二是帮助新入职的员工明确岗位职责，了解工作任务，熟悉工作流程，掌握工作要领，尽快进入岗位角色；三是帮助新入职的员工熟悉工作环境和工作团队，融入团队，鼓励员工形成积极进取的态度。

步骤 2　制订培训计划

培训计划是从组织战略出发，根据培训目标做出的对培训内容、培训时间、培训地点、培训者、培训对象、培训方式和培训费用等内容的预先计划。

步骤 3　做好培训前的准备

根据培训计划做好培训前的准备工作，事前准备工作越充分，开展培训时就会越轻松、越全面、越得体。准备工作可以从人员、设备、材料、方式、环境等几个方面着手进行。

(1) 人员方面。主要包括培训对象、培训讲师、培训辅助人员的相关工作，如分析新员工的知识和技能水平，了解他们的培训需求；挑选合适的培训讲师，沟通落实培训时间和培训内容等。

(2) 设备方面。准备好培训需要的设备，如电脑、投影仪、话筒等。

(3) 材料方面。准备好培训需要的材料，如培训资料的印刷和装订，培训时使用的材料、文具等。

(4) 方式方面。设计好培训采用的方式方法、培训流程。

(5) 环境方面。安排好培训场地，布置好环境，营造良好的培训氛围。

针对以上培训前的准备工作，可以列一张表逐一核查，确保全部落实。

步骤 4　开展实施培训

按照培训计划有步骤地开展培训，实施培训计划。

步骤 5　培训后续工作

培训有无效果，最重要的是在培训后的应用上，所以需要对培训效果进行检测，或者在某一时间段进行回顾总结并考核。

课后思考

1. 什么是岗前培训？
2. 日常培训包括哪些内容？

任务四　绩效管理

任务情景

为了达到客服部设定的目标，小明准备与同事一起制订绩效计划，做好绩效辅导沟通，通过绩效管理激发员工的工作热情，提高员工的能力和素质，持续提升客服部门的绩效。

本任务通过讲解客户服务绩效管理，认识绩效管理的概念和特性，了解客服岗位的关键绩效指标，熟悉绩效管理的原则。通过任务的实施，掌握企业开展绩效管理的方法及流程。

任务目标

知识目标：

1. 认识绩效管理的概念和特性。
2. 了解客服岗位的关键绩效指标。
3. 熟悉绩效管理的原则。

能力目标：

掌握企业开展绩效管理的流程和方法。

素质目标：

培养实事求是的态度，树立务实高效的作风。

思政园圃

党的二十大报告提出的“健全现代预算制度”，是实现新时代新征程目标任务的重要举措，是推进中国式现代化的重要保障。这就要求企业经营者要管理好资金的使用，推进绩效评估落到实处，加强各部门的联动配合，积极探索预算绩效管理，开展部门和单位整体、项目和政策绩效管理，完善绩效管理的制度办法，构建全方位、全过程、全覆盖的绩效管理格局。

绩效往往与薪酬挂钩，涉及每个员工的切身利益，也是员工极为关心和关注的问题。另外，薪酬除外在薪酬还有内在薪酬，外在薪酬是经济或物质性的回报，内在薪酬是指由于努力工作而受到表扬、晋升或重视等。我们应该多视角看待报酬问题，避免一切向“钱”看，一味追求外在薪酬。对工作的成就感、胜任感、责任感等积极的心理感受，也是个人发展的重要收获。

知识介绍

一、绩效管理

绩效管理，是指各级管理者和员工为了达到组织目标，共同参与的绩效计划制订、绩效辅导沟通、绩效考核评价、绩效结果应用、绩效目标提升的持续循环过程。绩效管理的目的是持续提升个人、部门和组织的绩效。

玩转客服中心
绩效管理

客户服务绩效管理是指在客户服务这个完整系统中，客户服务组织、客服管理人员和员工全部参与进来，管理人员和员工通过沟通、激励的方式，将客户服务组织的战略、管理人员的职责、管理的方式和手段以及员工的绩效目标等管理的基本内容确定下来，在持续不断沟通的前提下，管理人员帮助员工清除服务工作过程中的障碍，提供必要的支持、指导和帮助，与员工共同完成客户服务绩效目标，从而实现客户服务组织的远景规划和战略目标。

动画微课
绩效管理

二、绩效管理的特性

1. 系统性

客户服务绩效管理是一个完整的系统，不是一个简单的步骤。但在理论阐述以及管理实践中，不少企业把绩效管理等同于绩效考核，认为只要有绩效考核表，量化了考核指标，年终实施了考核，就是实现了绩效管理。

其实，绩效考核只是绩效管理的一个内容。除了绩效考核，绩效管理还需要制定目标、沟通管理，以及规范绩效管理中一些必需的技巧与技能。如果绩效管理忽视这些工作，企业的绩效管理水平将处于低层次。所以，我们必须要系统地、战略地看待绩效管理。

2. 目标性

客户服务绩效管理也强调目标管理，“目标＋沟通”的绩效管理模式被广泛提倡和使用。良好的绩效管理需要企业有明确的绩效目标，员工能明确努力的方向，部门主管能明确如何更好地通过绩效目标对员工进行有效管理，提供支持帮助。这样，管理人员和员工才能更加团结一致，共同致力于绩效目标的实现，共同提高绩效能力，更好地服务于企业的战略规划和远景目标。

3. 沟通性

沟通在客户服务绩效管理中起着决定性的作用。制定绩效要沟通，帮助员工实现目标要沟通，年终评估要沟通，分析原因寻求进步要沟通。绩效管理的过程就是员工和主管持续不断沟通的过程。离开了沟通，企业的绩效管理将流于形式。绩效管理需要致力于管理沟通的改善，全面提高管理者的沟通意识，提高管理者的沟通技巧，进而改善企业的管理水平和管理者的管理素质。

三、客服岗位的关键绩效指标

关键绩效指标（Key Performance Indicator，简称 KPI）是通过对组织内部流程的输入端、输出端的关键参数进行设置、取样、计算、分析，衡量流程绩效的一种目标式量化管理指标，是把企业的战略目标分解为可操作的工作目标的工具，是企业绩效管理的基础。关键绩效指标可以使部门主管明确部门的主要责任，并以此为基础，明确部门人员的业绩衡量指标。建立明确的切实可行的关键绩效指标体系，是做好绩效管理的关键。关键绩效指标是用于衡量工作人员工作绩效表现的量化指标，是绩效计划的重要组成部分。

中小型电商企业客服岗位的考核标准可分为四大类：人事绩效、业务绩效、订单绩效、推广绩效。人事绩效占 10%，业务绩效占 50%，订单绩效占 30%，推广绩效占 10%。根据公司的发展情况，每个类别的分值比重可以做相应的调整。

1. 人事绩效

人事绩效主要的考核指标有考勤、请假、工作执行力、职业素养、培训等方面，如表 5-4-1 所示。

表 5-4-1　人事绩效考核指标

考核指标	考核内容
考勤	迟到、早退每次扣 0.5 分；旷工每次扣 2 分。
请假	月请假 2 天扣 0.5 分；请假 3 天及以上扣 1 分。
工作执行力	服从安排，听从管理，遵守公司规定。
职业素养	礼貌待人，尊重他人，工作主动积极，有团队协作精神。
培训	积极参加公司组织的培训。

2. 业务绩效

业务绩效与岗位业绩挂钩，关键绩效指标分值占比最大。要取得好的业务绩效，客服人员需要做好礼貌用语、话术使用、回复及响应速度、回访、客户信息登记等方面的工作。客服人员只有业务熟练、细节做到位，业绩才能有保障。业务绩效主要的考核指标有：礼貌用语及话术使用、响应速度、客户满意度、客单价、询单转化率、信息记录、业务熟悉度、业绩达标度、业务保密等，如表 5-4-2 所示。

表 5-4-2　业务绩效考核指标

考核指标	考核内容
礼貌用语及话术使用	接待客户热情主动，准确使用话术，不顶撞辱骂客户。
响应速度	及时回复客户，响应速度不超过 30 秒。
客户满意度	客户评价满意，没有客户投诉和差评。
客单价	掌握关联营销的技巧，客单价不低于平均水平。
询单转化率	做好咨询服务，进行必要的追单催付。
信息记录	做好客户特殊问题的记录，及时反馈给主管。
业务熟悉度	熟悉岗位业务，操作技能熟练，无差错。
业绩达标度	达到计划的业绩要求。
业务保密	不泄露公司的文件资料和相关保密材料。

3. 订单绩效

订单处理的质量会直接影响客户体验。经营中有一条黄金法则："开发十个新客户，不如维护一个老客户"。由于订单的处理直接决定了客户是一次性的还是能转化为老客户，因此要求客服人员做好订单处理的各个环节。订单绩效设置了订单提交、订单处理、订单检查、订单反馈、订单纠纷、订单完成等考核指标，如表 5-4-3 所示。

表 5-4-3 订单绩效考核指标

考核指标	考核内容
订单提交	帮助客户完成订单提交并核对相关信息。
订单处理	及时处理客户提出的修改订单等要求。
订单检查	检查订单，确保订单信息准确无误。
订单反馈	把订单异常情况及时反馈给主管处理。
订单纠纷	及时处理投诉及退款，妥善解决纠纷争议。
订单完成	协助财务完成订单的结算工作。

4. 推广绩效

有的企业会要求全员参与宣传与推广工作，客服岗位也如此。做一定的推广工作，不仅能让客服更好地了解企业的产品和活动内容，也能集全员的力量做推广，协助运营部门做好推广活动。推广绩效的相关考核指标，如表 5-4-4 所示。

表 5-4-4 推广绩效的相关考核指标

考核指标	考核内容
社交媒体参与度	客服人员在社交媒体上积极参与讨论、回答问题以及分享企业内容。
活动参与度	客服人员参与的各种线上和线下活动，如行业展会、促销活动等。
内容创作与分享	客服人员创作与产品或服务相关的内容，如使用教程、常见问题解答等，并在内部或外部平台分享。

四、绩效管理的原则

在客户服务绩效管理实施的过程中，为避免绩效管理步入困境或带来不良效果，需要遵循 5 个原则：关键性原则、目标达成原则、注重过程原则、文化匹配原则、公开透明原则，如图 5-4-1 所示。

图 5-4-1 绩效管理原则

1. 关键性原则

绩效管理是人力资源管理的关键，其实施的效果将直接影响企业人力资源管理工作的开展。绩效管理工作基本上可以视为一项承前启后的工作。它既是对员工前阶段工作成绩的一次评价，又直接为后阶段员工的培训、薪酬福利的发放、员工个人职业生涯的发展和企业文化的建设等提供客观参考依据。

绩效管理如何实施、实施的效果怎样也关系到人力资源管理系统的有效运转。企业管理人员要想发挥人力资源管理系统应有的强大功能，首先就要将绩效管理定位于人力资源管理的关键位置，采取谨慎和重视、负责的态度操作绩效管理的每一个环节。

2. 目标达成原则

绩效管理的目标不是绩效考核，而是整个组织整体战略目标的达成。绩效管理相对于组织整体战略目标而言，只是一种重要的手段性的工具，而非一种管理目标。任何管理活动的开展都是为了实现组织的战略目标，绩效管理也不例外。

因此，绩效管理不能仅停留在对组织成员的考核和评估之上，而应发展到服务绩效改善，将绩效管理当作实现组织战略目标的重要工具，运用这个工具促使组织成员改进工作，从而提高整个企业的运转绩效，促成企业战略目标的实现。

3. 注重过程原则

绩效管理既要注重结果，也要注重过程。这是指绩效管理人员一方面要重视对绩效考核结果的运用，另一方面也要注意对实施过程的监控。因为绩效管理追求的不是员工前阶段的工作业绩如何，而是通过实施绩效管理来促进员工绩效管理的改进。影响员工绩效改进的因素有很多，既包括客观因素，也包括主观因素。

绩效管理应该通过绩效管理实施过程中的各个环节，及时准确了解组织中存在的问题和对绩效管理制度进行监控，并不断与员工沟通和协调，力争使绩效评估反馈的结果真实、准确、可靠。

4. 文化匹配原则

绩效管理的导入要注重与企业的组织文化相匹配。组织文化就是指组织内绝大多数成员的行为作风及认可的价值规范和行为规范。组织文化深入组织环境中的每一个角落。

在制定绩效管理制度时，必须要考虑本企业的组织文化，仔细斟酌和鉴别拟定的绩效管理制度是否与本组织的文化相协调。若是二者不兼容，那企业最好重新从本企业的实际出发制定绩效管理制度，一味强制推行只会导致事倍功半。

5. 公开透明原则

绩效管理的实施要坚持公开透明和全员参与的原则。绩效管理只是一种管理工具，不具有神秘性。当前有些企业在实施绩效管理时采取非透明化的操作，人为因素干扰太大，同时将绩效评估的结果与被评估对象的薪酬和职务的升降密切关联，这一方面导致一些人对绩效管理充满恐惧感，因为这关系到他们个人职业生涯的发展；另一方面又导致一些人对绩效管理的实施以漠然的态度来对待，他们认为绩效管理的实施只是管理人员的事，自己充其量不过是一个被考核者。

其实，从本质上来讲，绩效管理必须坚持公开原则和广泛参与原则，绩效管理的实施只有坚持了公开透明，让全体组织成员参与到绩效管理中来，才能揭开绩效管理的神秘面纱，才是真正意义上的绩效管理。

任务实施

一、任务名称

熟悉绩效管理

二、任务目标

通过任务实施，结合本任务的相关知识，掌握企业开展绩效管理的流程和方法。

三、任务流程

任务流程如图 5-4-2 所示。

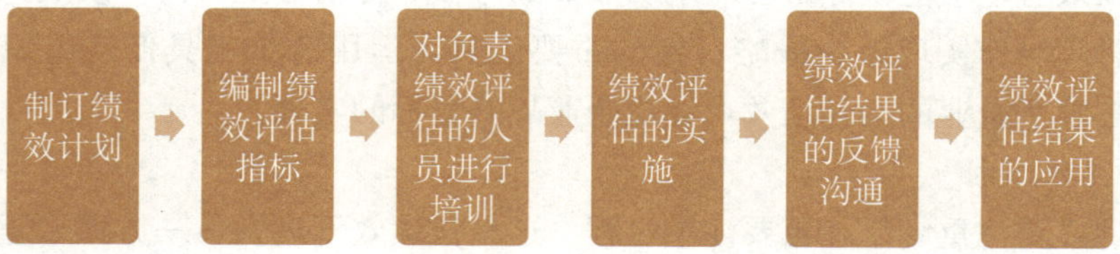

图 5-4-2　任务流程

四、任务步骤

客户服务绩效管理的流程包括六个步骤：制订绩效计划、编制绩效评估指标、对绩效评估人员开展培训、实施绩效评估、开展绩效反馈面谈和绩效结果的应用。

步骤 1　制订绩效计划

绩效计划是指管理者与员工共同讨论，就实现目标的时间、责任、方法和过程进行沟通，以确定员工以什么样的流程，完成什么样的工作和达到什么样绩效目标的一个管理过程。绩效计划主要包括两大部分：一是绩效管理实施的具体计划，二是绩效目标的确定。一般来讲，制订具体的绩效实施计划主要是从任务上、时间上、方法上、宏观层面和微观层面对绩效管理的整个流程运作进行总体规划，如在哪一具体时间段开展什么工作以及谁来做，做的具体效果要达到什么水平和层次等细节性问题。在制订具体的绩效实施计划时需要注意的是绩效实施计划力求切实可行和细化，切忌高谈阔论、华而不实。

步骤 2　编制绩效评估指标

一般来讲，编制绩效评估指标可采用 SMART 原则进行设定：

(1) S 代表具体 (Specific)，指绩效考核要切中特定的工作指标，不能笼统。

(2) M 代表可度量 (Measurable)，指绩效指标是数量化或者行为化的，验证这些绩效指标的数据或者信息是可以获得的。

(3) A 代表可实现 (Attainable)，指绩效指标在付出努力的情况下可以实现，避免设立过高或过低的目标。

(4) R 代表现实性 (Relevant)，指绩效指标是实实在在的，可以证明和观察。

(5) T 代表有时限 (Time-bound)，注重完成绩效指标的特定期限。

步骤 3　对负责绩效评估的人员进行培训

绩效评估是一项非常重要的工作，又是一项容易受人为因素干扰的工作，为了保障绩效评估反馈的信息真实可靠，有必要对这类人员实施相关培训，使他们能够以高尚的职业道德和较高的工作技能，实事求是地推进绩效评估工作。

步骤 4 绩效评估的实施

绩效评估实施是整个绩效管理的关键阶段。因为所实施的效果如何将直接关系到所得出的绩效评估结果的公正性，进而关系到依据评估结果所制定的人力资源管理政策的正确性和可操作性。就评估的实施来讲，其主要包括两方面的内容：一是绩效考核方法的选择，在拟定了绩效指标之后如何选择合适恰当的方法获取真实可靠的绩效信息仍是需要重点把握的问题。二是实施过程的监控问题，重在防御实施细节偏离绩效计划。

步骤 5 绩效评估结果的反馈沟通

应及时与员工进行正式有效的沟通，共同商讨存在的问题和制定相应的对策。开展反馈沟通实质是一个增强组织人文关怀和凝聚力与实现企业目标互惠的过程。通过绩效反馈面谈既表达了组织对员工的关心，有利于增强员工的组织归属感和工作满意感，也有利于帮助员工查找绩效不佳的原因所在，与员工一起制订下一绩效周期的计划，来提高员工绩效，推动员工个人职业生涯的发展。

步骤 6 绩效评估结果的应用

绩效评估结果的应用主要集中于两方面，一方面是绩效奖惩，如员工工资的调整，相关人员职位晋升或惩戒，发放绩效奖金等措施；另一方面就是绩效提升，企业需要通过绩效评估结果所反映出的问题制订服务于下一周期的绩效改善计划。就两方面的关系来讲，二者是相辅相成，互为促进和发展的两方面。绩效激励主要是采用正激励与负激励相结合的策略，坚持做到应奖励的人员给予重点奖励，应惩罚的人员大力惩罚的公平原则，避免步入奖惩无效的境地。

课后思考

1. 什么是绩效管理？
2. 绩效管理具有哪些特性？

项目习题

一、填空题

1. 规划客服团队结构有五个步骤，第一步是要明确__________。
2. __________就是企业通过劳动力或人才市场获取人力资源的活动。
3. 团队培训包括__________和日常培训。
4. __________是指各级管理者和员工为了达到组织目标，共同参与的绩效计划制订、绩效辅导沟通、绩效考核评价、绩效结果应用、绩效目标提升的持续循环过程。

二、选择题

1. （ ）客服团队的特点是根据不同的职能划分各个岗位，不同的岗位有着不同的职责。

A. 综合型　　B. 职能型　　C. 金字塔型　　D. 流线型

2. （　　）是企业人事部门或者人力资源管理部门根据企业发展的需要，制订招聘计划，参加学校组织和举办的校园招聘会，选拔录取新员工的一种方式。

A. 校园招聘　　B. 企业招聘

C. 职业中介机构招聘　　D. 内部推荐

3. （　　）培训能帮助新入职员工快速认知团队与岗位。

A. 商品知识　　B. 软件工具　　C. 平台规则　　D. 入职心态

4. 绩效管理的（　　）体现在：企业要有明确的绩效目标，员工能明确努力的方向，部门主管能明确如何更好地通过员工的目标对员工进行有效管理。

A. 系统性　　B. 完整性　　C. 目标性　　D. 沟通性

三、简答题

1. 招聘过程中需要注意哪些事项？
2. 客服团队的基本架构有哪些结构？
3. 客服招聘有哪些步骤？
4. 客服岗位有哪些关键绩效指标？
5. 开展绩效管理需要遵循哪些原则？

项目六

智能客服

项目概述

随着消费者购物习惯的线上化、移动化，更多传统企业开展电子商务业务。电商规模虽然增速放缓，但整体规模仍呈上升趋势。智能客服作为助力电商数字化运营的主力软件服务产品，在商家和消费者端的接受度日益上升。

阿里小蜜旨在提升消费者满意度，以机器人对话为载体，改善消费者对话体验，优化了1亿消费者转人工客服难的困境；赋能小微商家，累计服务110万小微商家，让2万中小商家享受配置服务，降低AI门槛；在节约社会资源方面，小蜜催发货、指定物流等每年3 200万次，生成电子发票每年千万张，累计减少碳排放每年4.6吨；在创造产业就业方面，帮助学校进行人工智能训练师的培养，打造人工智能训练师服务中小企业。

本项目从阿里小蜜的基本介绍、阿里小蜜的运行模式、阿里小蜜配置逻辑三个方面来介绍智能客服的基础与应用的相关知识。

任务一 阿里小蜜的基本介绍

任务情景

由于小明所在店铺的客户咨询量过大，因此店铺引进了商家版智能客服机器人阿里小蜜。但是小明却不知如何使用它才能减轻自己的工作量，从而提升消费者满意度。小明应如何使用及设置阿里小蜜呢？

本任务主要介绍了阿里小蜜的概念和特点，以及阿里小蜜的后台功能模块，为客服人员使用阿里小蜜打好基础。

任务目标

知识目标：

1. 了解阿里小蜜的概念。

2. 认识阿里小蜜的特点。

3. 熟悉阿里小蜜后台的模块功能。

能力目标：

掌握阿里小蜜的功能作用，为客户提供更高效的售前售后服务。

素质目标：

培养开拓创新的工匠精神。

思政园圃

习近平总书记在党的二十大报告中指出，“必须坚持科技是第一生产力、人才是第一资源、创新是第一动力，深入实施科教兴国战略、人才强国战略、创新驱动发展战略，开辟发展新领域新赛道，不断塑造发展新动能新优势”。科技兴则民族兴，科技强则国家强。从丝绸之路到无边大漠上中国高铁的绵长轨迹，从书信来往到移动通信，科技之正气经久不息。在新时代，电商经营者需要抢抓新一轮科技革命和产业变革的重大机遇，只有增强自主创新能力，掌握关键核心技术，才能具备核心竞争力。

知识介绍

阿里店小蜜联合班牛，打造数智化服务最佳实践

一、阿里小蜜概述

阿里小蜜是阿里巴巴官方推出的专为店铺研制的商家版智能客服机器人。

从 2016 年内测的智能客服小蜜 1.0 到 2018 年 8 月 22 日推出的“小蜜商业版”，再到 2021 年 8 月 23 日阿里小蜜 4.0 全新发布，版本优化围绕着精细化运营买家的方向进行，力求在为商家减负的同时，让每个买家都获得更好的购物体验。

阿里小蜜提供商品咨询、基于用户参数进行个性化推荐、店铺活动咨询解答、修改订单、退换货咨询等服务，基本上涵盖了售前售后全链路多个场景。

阿里小蜜有以下三个特点：

1. 接待能力

阿里小蜜全自动模式为 7×24 小时在线，具有智能预测、主动营销、催拍跟单等智能辅助模式，能够代替人工客服处理 60%以上的接待咨询问题。

2. 响应时间

从长期使用阿里小蜜的商家如韩都衣舍、奥康、蒙牛、良品铺子等店铺数据分析得知，阿里小蜜平均能够为店铺提升 40%的响应时间，智能接待更是达到了 1 秒响应时速，能够很好地抓住买家的“黄金 6 秒”，有效避免客户流失。

3. 转化数据

除了响应快、减少客服人员工作量外，阿里小蜜所带来的转化率也不比人工客服差。

阿里小蜜所带来的转化率已经高达 65%，每 10 个买家在咨询小蜜之后就有 6 个成交。使用阿里小蜜服务，不仅能够节省成本，同时避免造成订单流失，提高了咨询转化率。这从侧面反映出支撑阿里小蜜高转的背后，是阿里巴巴大数据知识库中的海量问答数据及阿里小蜜丰富多样的回答语言不像传统机器人那样生硬刻板。

知识拓展

2018 年的“双 11”购物节，天猫以 2 135 亿元的成交额完美收官。来自阿里客服的数据显示，“双 11”当天，阿里智能客服机器人小蜜，日活跃用户突破 5 000 万，当日 1 分钟内最高服务量达到 8.3 万起，承接了淘宝天猫平台 98%的在线服务需求，相当于 10 万名人工客服的工作量。

据了解，2018 年 11 月，阿里客服发起“百万客服联盟”。“双 11”当日，阿里与近 15 万商家客服开展深度合作，有近 80 万淘宝天猫商家启用了升级版的商家智能助手阿里小蜜，体验了智能售前导购、智能辅助等新增功能。

阿里小蜜家族的平台端阿里小蜜、淘系商家端小蜜及专为 Ali Express、Lazada 等平台服务的国际化小蜜产品，在天猫“双 11”当天，以中文、英文、西班牙语、葡萄牙语、泰语、越南语、马来语、印尼语、俄罗斯语 9 种语言，为 132 个国家和地区的用户提供智能在线咨询服务。除中国外，咨询量最多的国家前三位，分别是马来西亚、美国、新加坡。

11 日当天，阿里小蜜当日在线咨询对话量达到创纪录的 3.5 亿次，承接天猫商家客服咨询受理量达到 67%。阿里客服方面表示，对使用智能客服小蜜的天猫商家来说，消费者发起的所有简单直接、有明确答复口径的服务咨询，都可以由阿里小蜜及时响应，而商家的所有客服人力都只需投入解决仅占服务总量约 33%的需求。阿里小蜜帮助平台商家直接节省客服人力 58.6 万人。以韩都衣舍为例，“双 11”当天在使用阿里小蜜之后，节省人力 93 人。此外，服务接待能力提升 45%，接待平均响应时长缩短 89%，智能服务接单占比 95%，智能询单转化率 57%。

对此次“双 11”客服成绩，阿里巴巴集团相关负责人表示，阿里巴巴的服务体验打造强调数据技术驱动服务体验变革。“新商业是一场以消费者体验为中心的商业重构，‘体验’是新商业的核心竞争力，而数据技术就是驱动力。”

二、后台功能模块

阿里小蜜的后台功能主要包括知识库、全自动模式、智能辅助模式和数据看板四个模块，如图 6-1-1 所示。

1. 知识库

知识库可以被理解为阿里小蜜的大脑，所有问题的回复和答案话术都在这个区域编辑设置，阿里小蜜弹出的答案和智能辅助模式出现的答案都出自这个模块，而且知识库的维护也是人工智能客服训练师主要的工作内容之一。

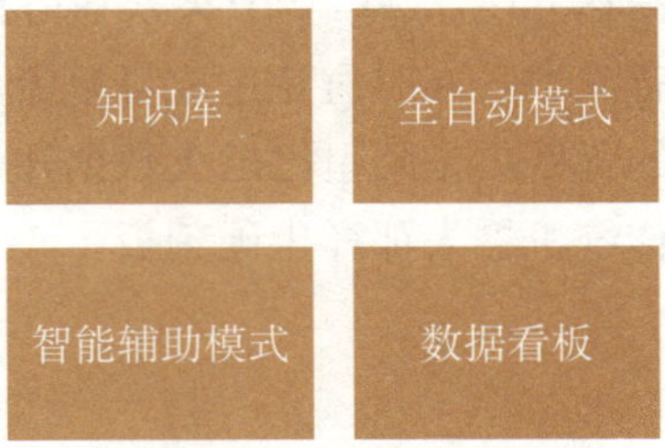

图 6-1-1　阿里小蜜的后台功能

阿里小蜜的知识库由店铺知识、应急关键词、测试窗、关联条件管理、导购设置 5 个模块组成。

2. 全自动模式

该模块包含欢迎语卡片设置、相关问题推荐、转人工配置、直连人工。

3. 智能辅助模式

智能辅助模式是辅助客服人员一起接待客户，辅助客服人员快速回复、响应客户的一种智能服务模式。该功能模式有子账号授权和常用话术两个功能模块。智能辅助模式同样会调取知识库的问题库和话术库，当客户的问题与知识匹配度达标时，阿里小蜜会自动回复（全自动模式的匹配度要求为 90%，智能辅助模式的匹配度要求为 95%）。

4. 数据看板

数据看板主要用于查看阿里小蜜的接待数据情况，帮助智能客服训练师更好地优化阿里小蜜的回复，提升客户的询问体验，提升阿里小蜜的接待能力和询单转化能力。

任务实施

一、任务名称

熟悉阿里小蜜

二、任务目标

通过任务实训，结合本任务的相关知识，熟悉阿里小蜜的基本操作。

三、任务流程

任务流程如图 6-1-2 所示。

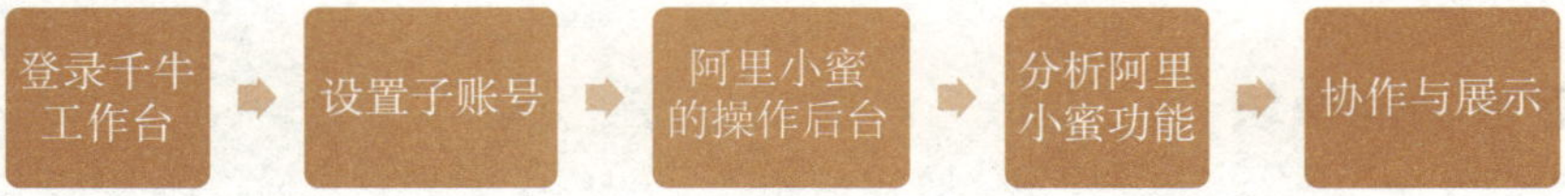

图 6-1-2　任务流程

四、任务步骤

步骤 1　登录千牛工作台

目前阿里小蜜的运行和使用都是依托于千牛工作台的客户端，因此我们需要登录千牛工作台，进入后台管理。

步骤 2　设置子账号

该步骤的目的是开启阿里小蜜，需通过虚拟子账号“服务助手”进行服务，而服务助手开通需要涉及分流规则，所以启用时必须创建、设置子账号。

主账号进入“卖家中心”—“子账号管理”—“员工管理”，找到人工智能训练师的对应子账号，单击“修改权限”，在“子账号管理”中找到“分流管理”，勾选并保存。

步骤 3　阿里小蜜的操作后台

在千牛“首页”顶部的搜索框内搜索“小蜜”，选中“小蜜 4.0”，进入小蜜后台，如图 6-1-3 所示。

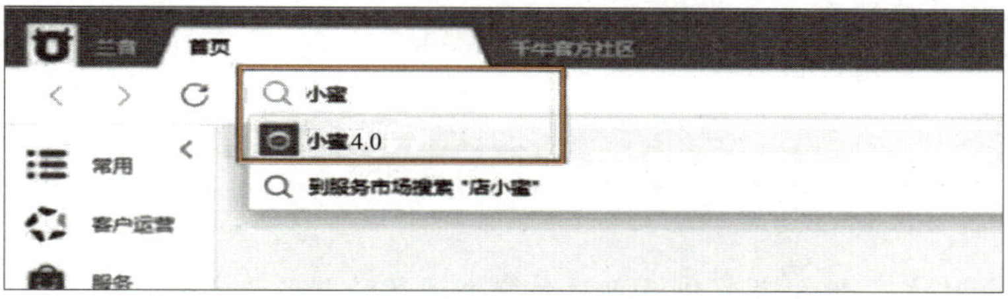

图 6-1-3　小蜜后台

步骤 4　分析阿里小蜜功能

阿里小蜜涉及的千牛功能主要有旺旺分流和买家热点分析，通过操作分析总结两种功能的内容及设置方法，完成表 6-1-1 的填写。

表 6-1-1　阿里小蜜功能内容及设置方法

功能	功能内容	设置方法
旺旺分流		
买家热点分析		

步骤 5　协作与展示

以小组协作的形式，介绍与展示阿里小蜜的基本功能。

课后思考

1. 什么是阿里小蜜？
2. 阿里小蜜有哪些后台功能模块？

任务二　阿里小蜜的运行模式

任务情景

经过一段时间的学习和操作，小明对阿里小蜜的后台功能模块有了一定的了解，但是在什么时间段、什么情况下选择什么样的阿里小蜜模式以提高接待效率，小明还不是很清楚。那么，阿里小蜜有哪些运行模式？在不同的需求和目标下应如何选用不同的模式呢？

本任务通过介绍阿里小蜜的全自动、智能辅助两种模式的基础应用，使学生明确两种模式的接待逻辑，学会在不同应用情况下的模式选择。

任务目标

知识目标：

1. 认识智能接待模式。
2. 熟悉阿里小蜜接待模式。

能力目标：

能根据不同需求和目标选择合适的阿里小蜜应用模式。

素质目标：

培养使用新技术、新方法来分析问题和解决问题的职业素养。

思政园圃

党的二十大报告提出，“构建新一代信息技术、人工智能、生物技术、新能源、新材料、高端装备、绿色环保等一批新的增长引擎”。人工智能是引领新一轮科技革命和产业变革的战略性技术，在移动互联网、大数据、超级计算、传感网、脑科学等新理论新技术的驱动下，人工智能加速发展，呈现出深度学习、跨界融合、人机协同、群智开放、自主操控等新特征，正在对经济发展、社会进步、国际政治经济格局等方面产生重大而深远的影响。加快发展新一代人工智能是我们赢得全球科技竞争主动权的重要战略抓手，是推动我国科技跨越发展、产业优化升级、生产力整体跃升的重要战略资源。

知识介绍

一、智能接待模式

阿里小蜜主要的智能接待模式包括全自动模式和智能辅助（半自动）模式。

店小蜜的个性化，让服务更有温度

1. 全自动模式

全自动模式是阿里小蜜主要的接待模式之一，由阿里小蜜独立接待客户。全自动机器人是通过识别买家问法并进行自动回复的拟人化智能客服，通过独立的虚拟账号（店铺名：服务助手）来接待买家咨询，同时可以与人工客服协同工作，商家可以通过维护知识库来提升阿里小蜜全自动机器人的服务能力。

知识拓展

2021 年 8 月 30 日，阿里小蜜 4.0 全新发布。该版本优化围绕精细化运营买家的方向进行，在为商家减负的同时，提升买家的购物体验。

据介绍，小蜜 4.0 版本在产品能力和生态合作策略上都有重大升级，具体来说包括运营域升级、服务域升级、智能外呼升级、生态发展四方面，通过 AI 精准服务撬动消费者价值。

其中，对于店铺私域人群，通过 4.0 采蜜智能人群圈选，实现碎片化、精准化、人性化的类私聊运营，实现非会员转化、高价值人群转化、流失人员挽回以及提升复购率。同时，采蜜基于智能识人数据和决策引擎技术，实现全周期精准运营，促成“有效沟通”，自动生成最有效的运营任务组合，实现 ROI（投入产出比）最大化。

在智能外呼方面，商家可以自定义场景，实现服务营销全链路、全场景随心配。以某美妆类目头部品牌为例，大促期间智能外呼单日呼出热线超 10 万通，外呼热线接通率达 50%，近 50%的大促预售提醒由智能外呼完成，而且，针对特定任务，智能外呼接通率达 65%，可以帮助完成 80%的服务通知。

除了产品层面的运营动作，小蜜在销售和服务方面，也有深入的布局。迄今为止，小蜜已经围绕主要产业带，建立了十多家 ISV（独立软件开发商），为广大商家提供近身的配置服务，同时还跟许多中小服务商展开了合作，目前已经跟服务商合作培养了数百名在校学生，服务了近 2 万家商家。

据悉，阿里巴巴于 2015 年面向淘宝天猫消费者推出 AI 智能客服“阿里小蜜”。至 2017 年，阿里小蜜单日平均对话轮次高达 200 万次，全年服务的消费者约 7.3 亿人次。2018 年，阿里巴巴集团客户体验事业群（阿里 CCO）宣布，正式推出首个面向淘宝和天猫用户的专属 AI 客服机器人——新版“阿里小蜜”。

全自动机器人可以与人工客服协同接待买家咨询，当阿里小蜜无法回答买家问题或买家要求人工客服处理时，可转接到人工客服，由人工客服接待；夜间人工客服无人值守时，转到人工客服的问题可以在第二天统一进行分配。智能接待模式如图 6-2-1 所示。

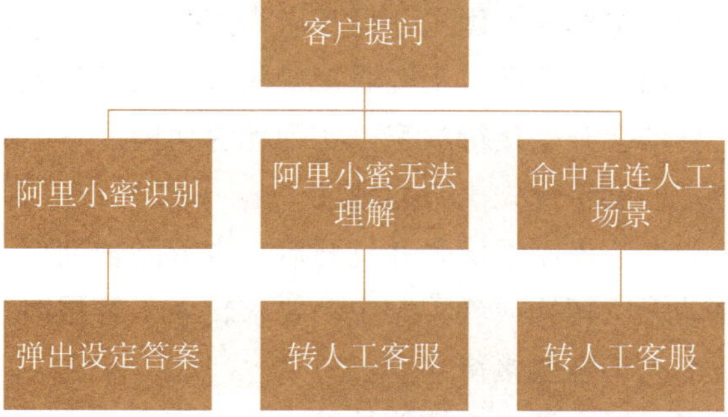

图 6-2-1 智能接待模式

全自动模式可以处理常规的、重复的咨询问题，复杂问题转人工客服处理，从而提升人工客服的服务价值。

2. 智能辅助模式

智能辅助依附于客服账号和客服人员一起接待客户，相当于客服人员的智能助手，也称为半自动机器人。智能辅助模式包括自动回复和推荐回复两种模式，实际上还是由人工客服接待客户。

智能辅助回复方式分为自动回复和推荐回复，自动回复是算法计算高度匹配的问题自动以客服身份代替客服人员回复买家。

推荐回复是买家问题被识别匹配但不属于高度匹配范围，此时会在千牛接待输入框上方给出客服人员推荐答案，客服人员可点击或快捷键发送。

智能辅助的优势有：

（1）缩短子账号服务响应时长30%～40%。

（2）有效提升子账号旺旺回复率。

（3）有效提升子账号接待量30%～80%。

（4）有效提升售前子账号询单转化率5%～15%。

（5）店铺服务体验、店铺满意度都大大提升。

3. 全自动模式和智能辅助模式的区别

全自动模式和智能辅助模式是阿里小蜜机器人两种不同的服务模式，可同时启用或二选一启用，互不影响，小蜜后台知识库是共享的。

全自动模式：阿里小蜜全自动模式是由独立虚拟账号独立接待客户，不依赖人工账号。接待账户名是“店铺名：服务助手”。该模式有三种接待方式：人工优先，助手优先，混合接待。无须登录，无须挂机，一旦开启，立即生效。

智能辅助模式：辅助人工客服接待客户，提升人工客服效率。该模式有两种回复方式：自动回复和推荐回复，可以智能学习店铺或者个人常用话术。

二、阿里小蜜接待模式

1. 阿里小蜜接待模式介绍

（1）接待模式组合一：人工优先＋智能辅助。

阿里小蜜全自动机器人选择人工优先并且开启小蜜智能辅助后，买家咨询先由人工客服接待，这时候小蜜智能辅助会帮助人工客服接待买家。当可分流的人工客服全部挂起或者离线的时候，小蜜全自动会开始接待买家，实现无缝切换。

（2）接待模式组合二：助手优先＋智能辅助。

阿里小蜜全自动机器人选择助手优先并且开启小蜜智能辅助后，买家咨询先由小蜜全自动接待。当小蜜全自动无法解答或者买家主动要求转人工客服时，可以转交人工客服处理，小蜜智能辅助会帮助人工客服接待买家。

（3）接待模式组合三：混合接待＋智能辅助。

阿里小蜜全自动机器人选择混合接待并且开启小蜜智能辅助后，同时段会根据设定的比例进行分流，小蜜全自动和人工客服可以同时接待。小蜜全自动无法解答或者买家主动要求转人工客服的时候，也可以转交人工客服处理。

2. 阿里小蜜接待模式选择建议

阿里小蜜接待模式选择建议，如图 6－2－2 所示。

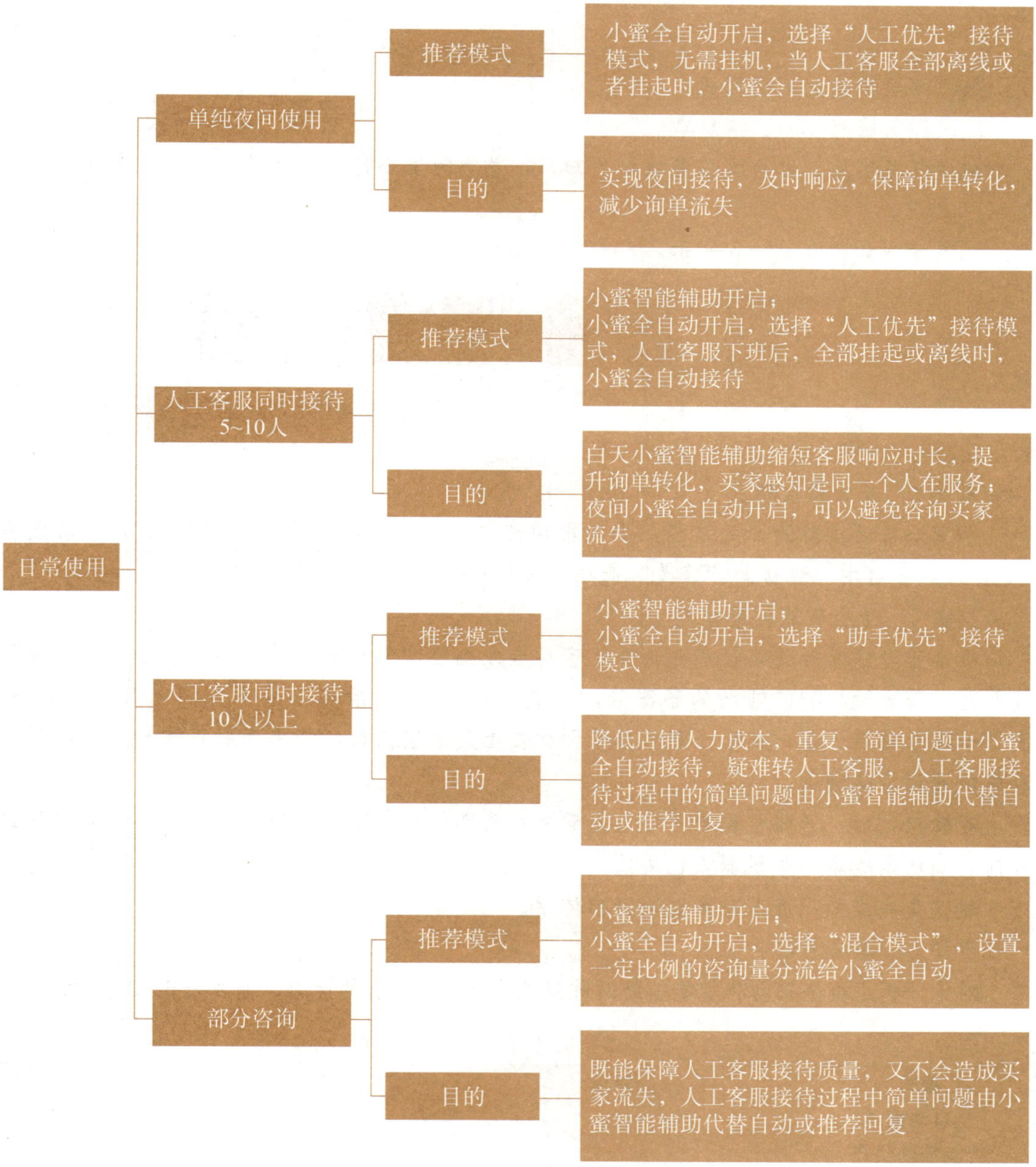

图 6－2－2　小蜜接待模式选择建议

在店铺大促期间建议人工客服开启小蜜智能辅助。另外可以根据店铺实时咨询人数和人工客服接待数据及时调整小蜜全自动模式，比如当店铺咨询人数较大，并且人工客服人均同时接待都比较多的时候，可以将小蜜全自动接待模式调整为助手优先，如果要使用混合接待的话，可以调高小蜜全自动接待比例。

任务实施

一、任务名称

熟悉阿里小蜜的运行模式

二、任务目标

通过任务实施，结合本任务的相关知识，熟悉阿里小蜜的运行模式及使用技巧。

三、任务流程

任务流程如图 6－2－3 所示。

图 6－2－3　任务流程

四、任务步骤

步骤 1　开启自动模式

小蜜全自动接待的开关路径：先点击顶部“全自动”右侧的“立即开启”，接着点击“全自动：开启中”右边的“修改”选项，设置接待模式为“人工优先”。

步骤 2　开启智能辅助模式

小蜜智能辅助开关路径：先选择小蜜后台左侧栏“智能辅助模式”—“子账号授权”，接着选择需要授权智能辅助的子账号，勾选“授权”，然后点击最下方的“保存”按钮。使用子账号重启千牛，查看子账号接待面板左上角小蜜图标，如果变成声波状表示该子账号成功开启智能辅助。

若授权之后，子账号重启千牛没有看到小蜜图标，可以安装新版本的千牛。开启子账号前需确认老版本千牛机器人已关闭。

建议先完成知识库基础配置再开启使用。

步骤 3　模式比较

对比分析小蜜全自动和智能辅助两种模式的特点和各自的优势，完成表 6－2－1 的填写。

表 6－2－1　小蜜全自动模式和智能辅助模式的对比

模式	特点	优势
全自动模式		
智能辅助模式		

步骤 4　协作与展示

分析总结阿里小蜜的模式选择建议。

课后思考

1. 什么是全自动机器人模式？

2. 什么是智能辅助模式？

任务三 阿里小蜜配置逻辑

任务情景

在完成阿里小蜜模式的应用选择后，如何对阿里小蜜各个功能进行配置，以便符合店铺客服人员接待的不同需求，成为小明需要着手开展的首要工作。那么，阿里小蜜的各个功能配置逻辑是什么？具体应该如何进行设置？

本任务主要通过介绍小蜜知识库、欢迎语卡片、小蜜话术以及数据看板等相关知识，认识小蜜配置逻辑及方法。通过任务实施，学生熟悉小蜜配置的主要工作流程。

任务目标

知识目标：

1. 了解阿里小蜜知识库配置。
2. 了解欢迎语卡片问题设置。
3. 熟悉阿里小蜜的话术。
4. 认识数据看板的应用。
5. 认识知识功能诊断数据。

能力目标：

能根据企业需要进行阿里小蜜配置。

素质目标：

培养认真严谨的工作态度，形成细心谨慎的职业习惯。

思政园圃

习近平总书记在谈到增强谨慎之心时强调，“对风险因素要有底线思维，对解决问题要一抓到底，一时一刻不放松，一丝一毫不马虎，直至取得最后胜利。”看上去微不足道的细节，往往会影响一件事情的大局，很多时候，成败就系在了一个小小的细节上，一个看似不起眼的细节，把它处理好了，可能就会得到一份意外的惊喜。优秀的人总会于细微之处用心，在细微之处着力，进而保证大事的成功。在工作中，我们需要注重培养细心谨慎的习惯，为未来的事业打好基础。

知识介绍

让智能客服
带来更好
消费体验

一、阿里小蜜知识库配置

知识库是阿里小蜜的“智能大脑”，里面储存着阿里小蜜回复给买家的知识信息，所以知识库的创建和维护对阿里小蜜的使用至关重要。知识库中的核心部分是店铺知识，店铺知识又按照售前、售中、售后的不同阶段将日常的咨询问题分为七个大类，每个大类下又有若干小类的问题。

1. 知识库的组成

知识库主要由店铺知识、应急关键词、关联条件管理组成，店铺知识下分为一级类目、二级类目和三级类目等，如图 6-3-1 所示。

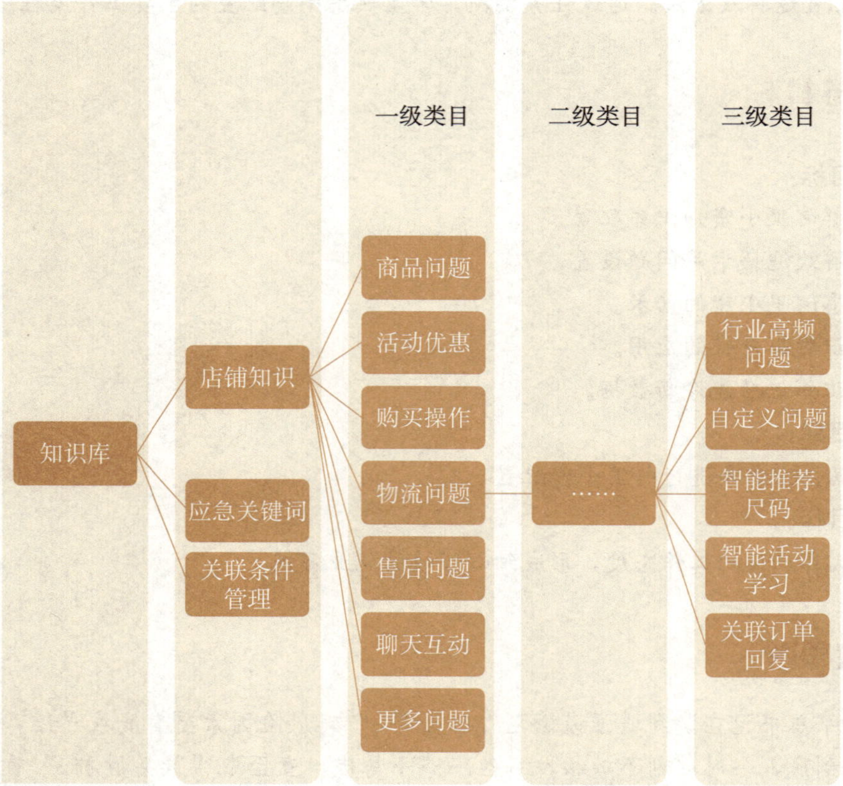

图 6-3-1 知识库的组成

2. 知识库配置

用户可以先在小蜜后台的“知识库”—“店铺知识”页面右上角，点击订阅行业包，选择对应行业包，如服饰行业，如图 6-3-2 所示。

知识库包括行业高频问题、自定义问题、应急关键词等的配置，如图 6-3-3 所示。

图 6-3-2　知识库配置

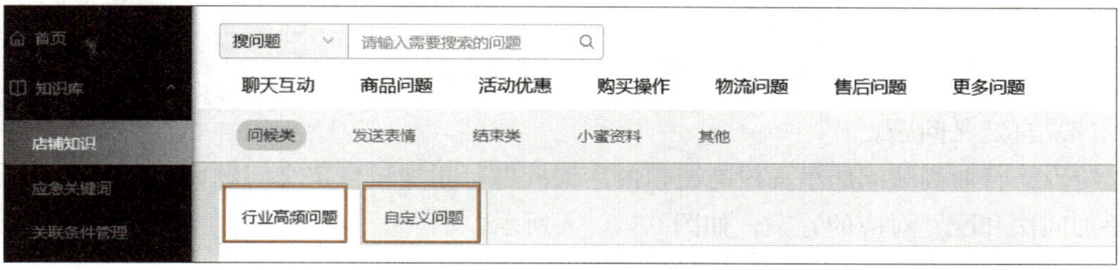

图 6-3-3　店铺知识

（1）行业高频问题。

特点：无须添加问法，只需根据店铺或者商品的情况配置答案。

配置方式：

1）部分问题是配置了默认答案，需检查是否符合店铺情况，若不符合，可进行修改。

2）答案支持图文结合，同时支持关联时效（一般用于大促），以及关联商品（高频场景可关联爆款配置专属答案），如图 6-3-4 所示。

图 6-3-4　行业高频问题配置

3）可配置第一次、第二次、第三次不同的回复答案，如图 6－3－5 所示。

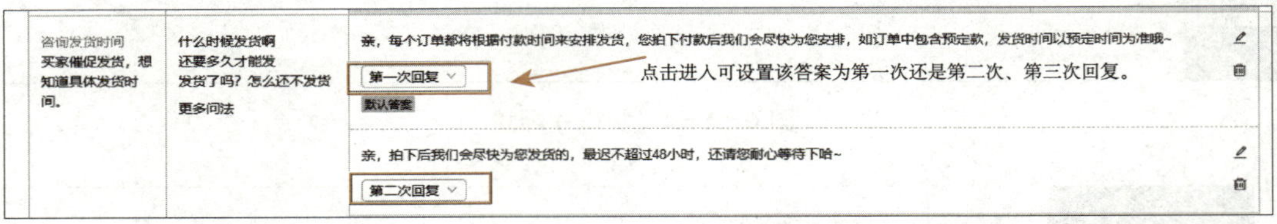

图 6－3－5　配置回复

（2）自定义问题。

特点：行业高频问题里面没有覆盖的店铺问题可添加至自定义问题，自定义问题需自行添加问法和配置对应的答案，如图 6－3－6 所示。

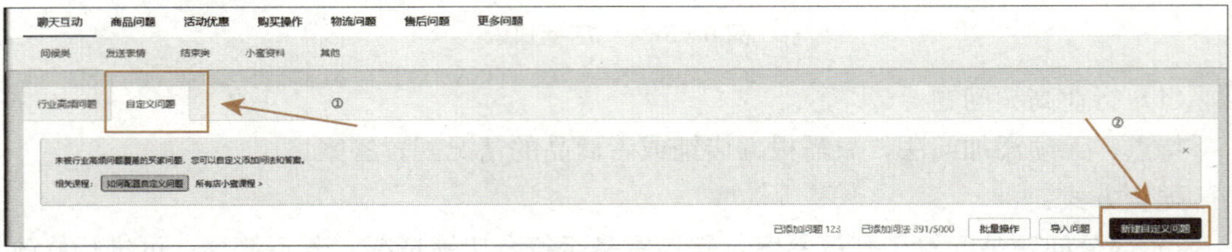

图 6－3－6　自定义问题配置

配置方式：

1）同一个问题可添加多个问法。

2）答案支持图文结合，同时支持关联时效，一般用于大促，以及关联商品，高频场景可关联爆款配置专属答案。

3）可配置多个答案，多个答案的情况下答案是随机输出。

（3）应急关键词。

特点：在买家问题突发集中且店铺知识无法有效解决的情况下，可用应急关键词匹配来命中买家的问题并回复，优先级最高，一般谨慎选用。

二、欢迎语卡片问题设置

“欢迎语卡片”是一个用于设置欢迎语的组件。欢迎语是当客户进入店小蜜聊天界面时，系统自动发送的一段文字信息，旨在向客户表示欢迎并提供基本的引导或服务。通过配置欢迎语卡片，商家可以自定义欢迎语的内容、风格和格式，以适应其店铺的特色和需求。例如，商家可以在欢迎语中包含问候语、店铺介绍、常见问题解答等，以便为客户提供更加个性化和专业的服务体验。

1. 卡片设置方法

（1）找到欢迎语卡片设置的板块。

进入小蜜后台，选择“全自动模式”板块下的“接待设置”，即可找到欢迎语卡片的设置页面。

（2）配置欢迎语卡片的步骤，如图 6－3－7 所示。

（3）卡片问题的两种形式。

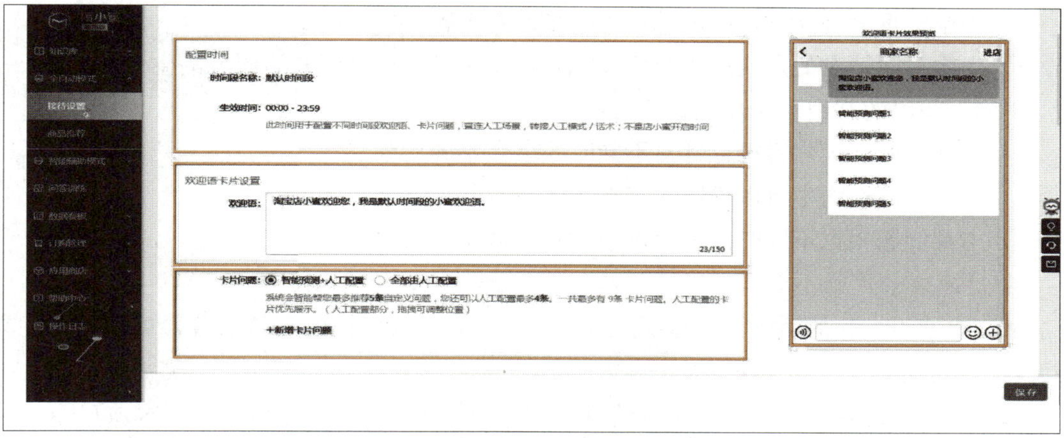

图 6-3-7　设置欢迎语

卡片问题最多可以配置 9 条，有“智能预测＋人工配置”和“全部由人工配置”两种形式可以选择。当选择使用“智能预测＋人工配置”形式时，智能预测部分最多推荐 5 条，会排在人工配置问题的后面，如图 6-3-8 所示。

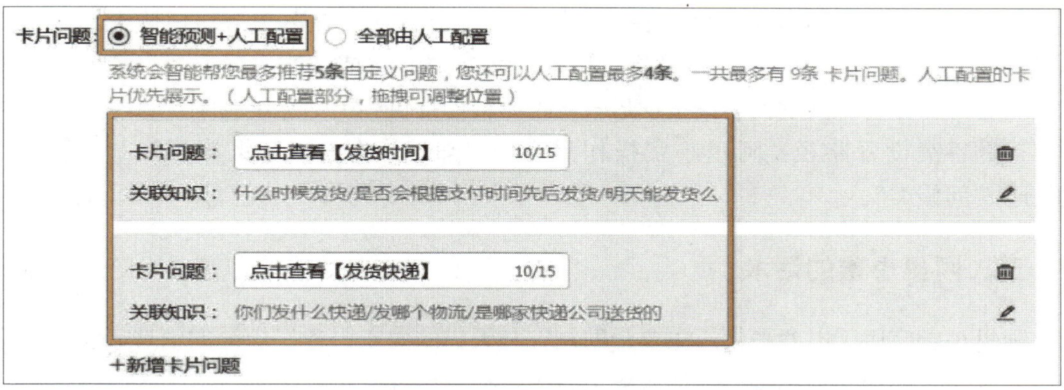

图 6-3-8　卡片问题配置

智能预测是指系统会根据买家行为轨迹、店铺高频咨询、知识库中的问题热度等多个维度来评估，预测出当前买家最有可能咨询的问题，千人千面推荐给买家。

卡片问题最多可以配置 9 个，但目前多数买家使用手机进行购物，考虑到买家的浏览体验，建议不要配置过长的话术或过多的卡片问题，尽量让欢迎语卡片可以在一屏页面中完整展示。

2. 不同时段（白天、夜间等）的欢迎语卡片配置方法

不同时间段下店铺的服务情况是不同的，所以需要结合店铺当时的实际情况提供对应的服务，给买家更贴心的服务体验。

（1）找到配置时间段的页面。

（2）新建一个时间段。

“默认时间段”与“自定义时间段”之间的切换规则：

1）若添加的自定义时间段与默认时间段有重叠的部分，展示自定义时间段设置内容。

2）剩余未重叠的部分，展示默认时间段设置内容。

3）生效时间针对的是欢迎语及相关规则，并不是阿里小蜜开启服务的生效时间。

不同时间段的欢迎语卡片配置技巧：

1）欢迎语的问候内容可以针对不同时间段做不同调整。

2）夜间的欢迎语中可以说明人工客服上班时间。

3）卡片问题根据不同时间段的需求做相应调整。

3. 欢迎语卡片配置技巧

（1）欢迎语卡片的话术语气需要融入店铺特色，符合店铺的消费人群，可以参考优秀人工客服欢迎语。

（2）展示店铺要告知买家的重要信息，如活动信息、店铺特色服务、买家须知等。

（3）卡片问题的展示话术可以加上操作方法，也可以在欢迎语话术中加上卡片问题操作方法等，帮助买家理解卡片问题的操作方式。

（4）开启智能预测卡片问题：智能预测会及时根据店铺当前咨询的高频问题、用户行为轨迹等多维度调整欢迎语卡片中展示的问题情况，可以提高卡片问题的命中率，帮助买家更好地解决问题。

（5）结合买家开场白设置话术答案：买家第一个问题的答案会与欢迎语卡片一起展示，预设好买家高频开场白相关问题的答案与欢迎语卡片结合的呈现形式，如欢迎语卡片＋“你好，在吗”问题的答案呈现形式，可以辅助提供相关信息给买家。

问题答案设置路径：阿里小蜜操作后台—“知识库”—“店铺知识”—“聊天互动”—“问候类”。

三、阿里小蜜的话术

阿里小蜜应用于电商平台，主要帮助淘宝和天猫的卖家服务好店铺的消费者。配置有吸引力的话术能让阿里小蜜更好地服务消费者，提升服务质量。

1. 提升话术吸引力的作用

（1）帮助提升客户体验。

通过提升话术的服务质量，让阿里小蜜的服务水平接近人工客服，让客户感受到与人工客服无差异的购物体验。

（2）帮助提升阿里小蜜解决问题的能力。

通过有吸引力的话术准确清晰地解答买家问题，减少因吸引力不够导致的转人工客服。

（3）帮助提升询单转化率。

通过有吸引力的话术促进客户下单从而提升询单转化率，通过阿里小蜜完成更多的销售业绩。

有吸引力的话术包括模拟人工、解释说明、打消顾虑、促进销售四种类型，如图6-3-9所示。

模拟人工是指模仿人工客服聊天对话模式，包括模拟对买家的称呼、语气助词、旺旺表情等。

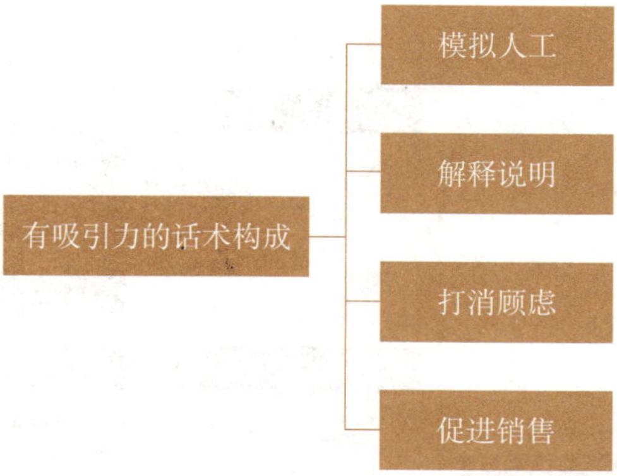

图 6-3-9　有吸引力的话术构成

解释说明是指准确告诉买家答案，包括活动规则解释语术、商品属性解释语术、服务内容解释话术等。

打消顾虑是指用来打消买家的顾虑，包括打消商品质量顾虑话术、打消使用效果顾虑话术等。

促进销售是指用来促进买家下单购买、提升销售转化，包括商品卖点提炼话术、活动催拍催付话术等，如图 6-3-10 所示。

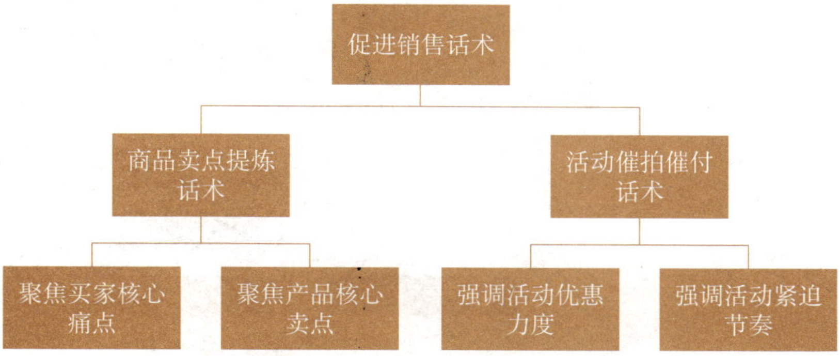

图 6-3-10　促进销售话术

2. 提升话术吸引力的技巧

优秀有效的小蜜话术如图 6-3-11 所示。

四、数据看板的应用

1. 数据看板基本介绍

数据看板是阿里小蜜平台提供的查看小蜜机器人使用情况等各项数据指标的数据报表功能模块，包含全自动数据、智能辅助（半自动）数据和知识功能诊断数据三个模块，如图 6-3-12 所示。

通过数据直观地了解店铺小蜜的配置水平、服务能力等各项指标，以及在同行业中排名情况。同时分析数据看板中实时和历史数据，不断优化小蜜知识库的配置，提升小蜜接待能力。

图 6-3-11　优秀有效的小蜜话术

图 6-3-12　数据看板功能模块

2. 全自动数据介绍

全自动数据主要反映店铺在开启小蜜全自动模式下的数据，分为排名、接待和转人工率、询单转化、欢迎语、智能催拍、商品搭配推荐 6 个模块。

（1）排名。排名反映全自动数据在店铺所属类目的排名情况和基础数据情况。

基础数据情况包括使用情况、智能服务水平、知识库配置水平、询单转化这 4 项数据，以及这 4 项数据的行业前三数据与行业平均数据。阿里小蜜根据这 4 项数据计算类目的排名，如图 6－3－13 所示。

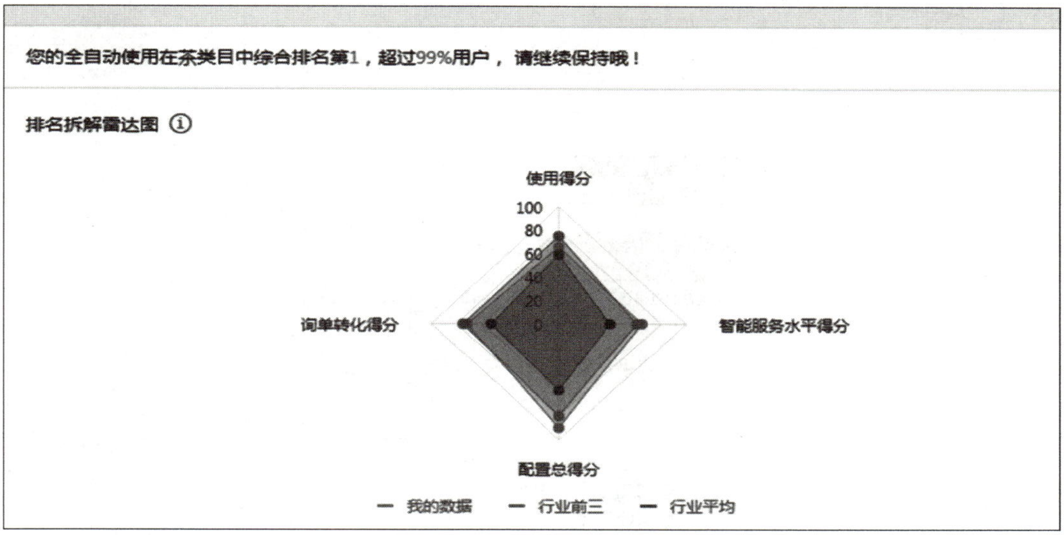

图 6－3－13　数据排名

（2）接待和转人工率。

1）全自动接待和转人工率数据。这里的数据主要反映小蜜的接待能力，转人工率越低证明小蜜的接待能力越高。主要有 4 个数据：全自动接待人数、全自动接待占比、全自动请求转人工率、相当于客服每日的工作数。

2）全自动接待和转人工率拆解。店铺接待会话数分为命中知识、命中直连人工问题、买家首句输入“转人工”、未命中知识无答案回复、未命中知识出相关问题推荐几种情况。其中命中知识分为看到答案后离开、看到答案后输入“转人工”、无答案三种情况，如图 6－3－14 所示。

（3）询单转化。

1）询单转化总体数据。询单转化总体数据分为全自动参与询单人数、全自动参与询单转化率、全自动参与成交金额。根据这些数据，我们可以分析出小蜜的转化率及小蜜参与的询单转化。

2）询单转化链路。全自动参与的询单人数分为纯全自动接待的询单人数、全自动接待后人工询单人数。其中，纯全自动接待的询单人数分为纯全自动接待后下单人数、纯全自动接待前下单接待后付款人数；全自动接待后人工询单人数分为全自动接待后转人工下单人数、全自动接待前下单接待后咨询人工后付款人数，如图 6－3－15。

3）咨询商品。咨询商品分为热门商品和热门类目两个模块，在这里我们可以查看店

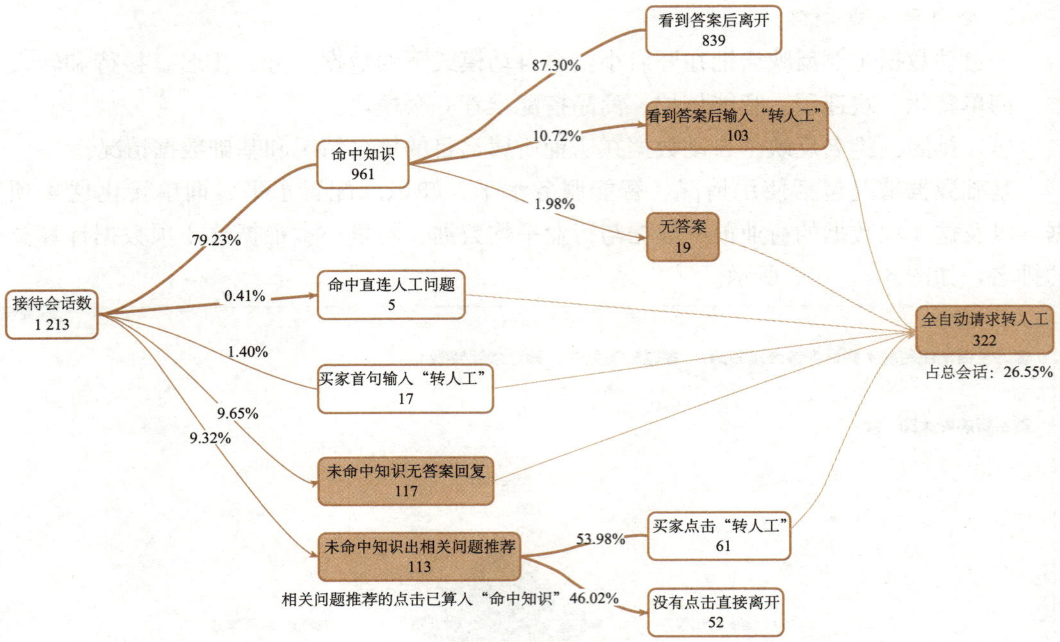

图 6-3-14 全自动接待和转人工率拆解

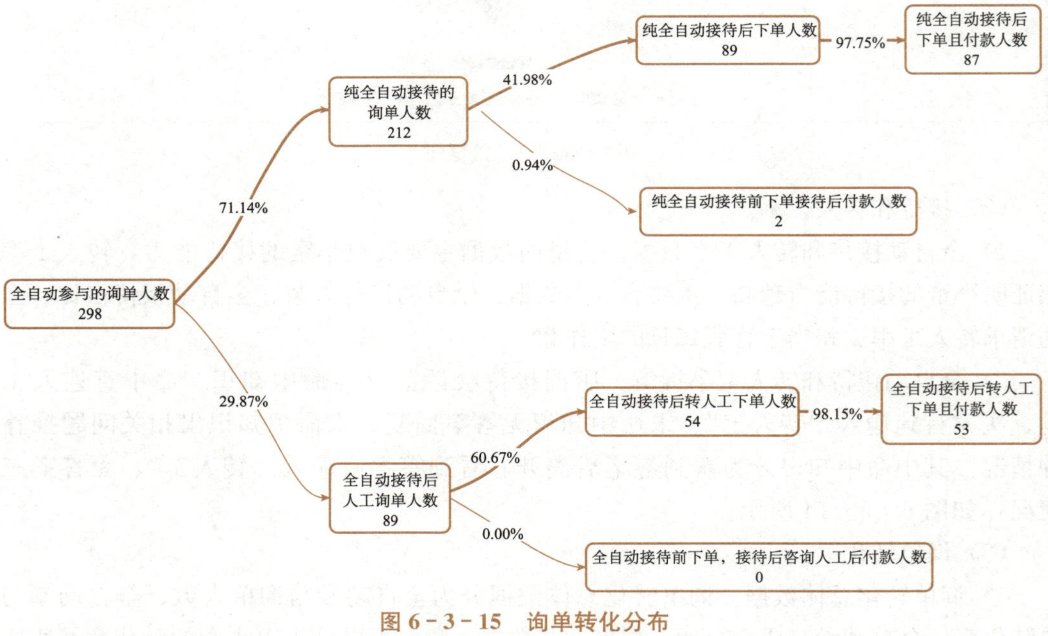

图 6-3-15 询单转化分布

铺的哪些商品的小蜜转化率比较低，可以分析该商品哪些问题的转化率比较低，以便帮助智能客服训练师分析、优化提升转化率的话术。

（4）欢迎语。

1）欢迎语卡片总体数据。欢迎语卡片的点击数量和点击率可以说明卡片设置的是否为客户关心的问题、是否覆盖了店铺的热门问题。若点击率很低，点击人数很少，则可以通过活动及时调整，以吸引客户注意，如图 6-3-16 所示。

图 6-3-16　欢迎语卡片总体数据

2）欢迎语卡片点击热门问题。从欢迎语卡片点击热门问题中我们可以看到哪些问题是客户点击数量多的、关心的热门问题，可以根据热度及时调整卡片顺序或添加活动内容，如图 6-3-17 所示。

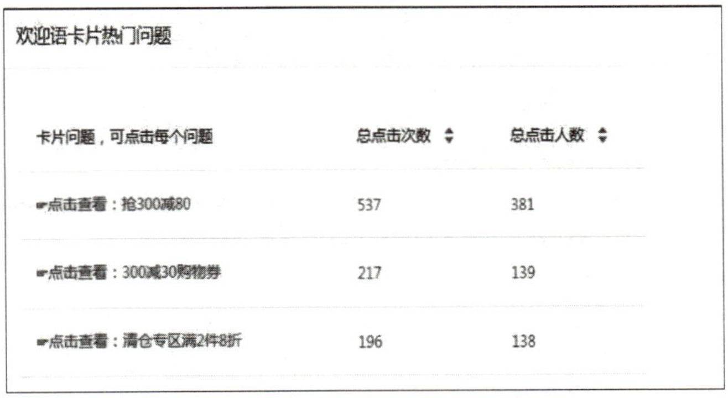

图 6-3-17　欢迎语卡片热门问题

（5）智能催拍。

从全自动催拍催付数据中我们可以了解到该功能带来的好处和催拍后的结果，数据分为全自动催拍人数、催拍后付款人数、催拍后付款金额。

（6）商品推荐。

全自动导购推荐功能数据分为收到商品推荐人数、收到推荐后店铺内支付人数、推荐商品支付人数；从全自动导购推荐功能数据中我们可以看到不同的推荐类型数据和不同的推荐场景。

3. 智能辅助数据介绍

（1）排名。排名反映智能辅助在店铺所属类目的排名情况和基础数据情况。基础数据情况包括使用情况、自动回复率、推荐回复点击率、知识库配置情况。

（2）接待和回复率。接待和回复率涉及智能辅助接待总体数据。智能辅助接待总体数据包括智能辅助接待次数、使用子账号数、智能辅助出答案率、智能辅助回复率，如图 6-3-18 所示。

4. 知识功能诊断数据介绍

知识功能诊断数据包括知识诊断、商品诊断和尺码表三个部分。

（1）知识诊断包括对热门知识、没有配兜底答案的知识、含智能辅助过滤词的知识以及自定义的冷门知识的诊断，如图 6-3-19 所示。

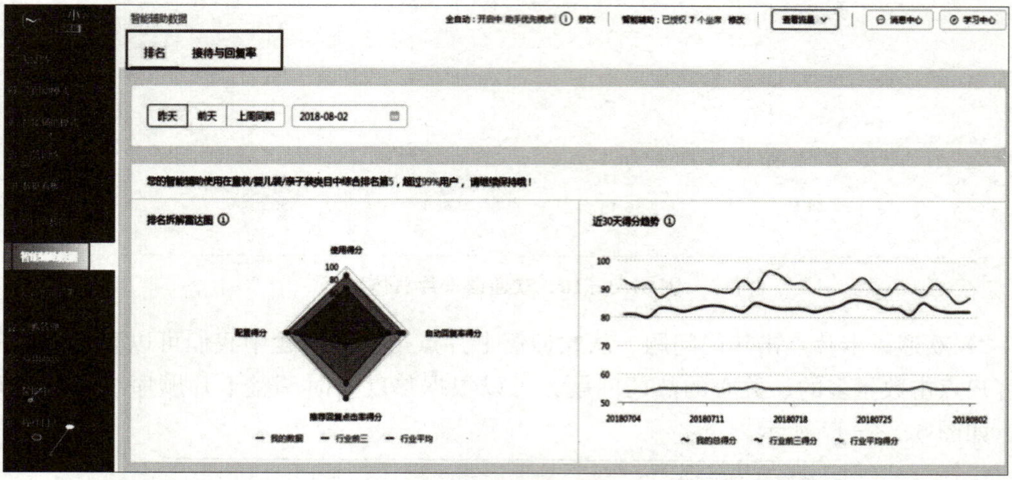

图 6－3－18　智能辅助数据

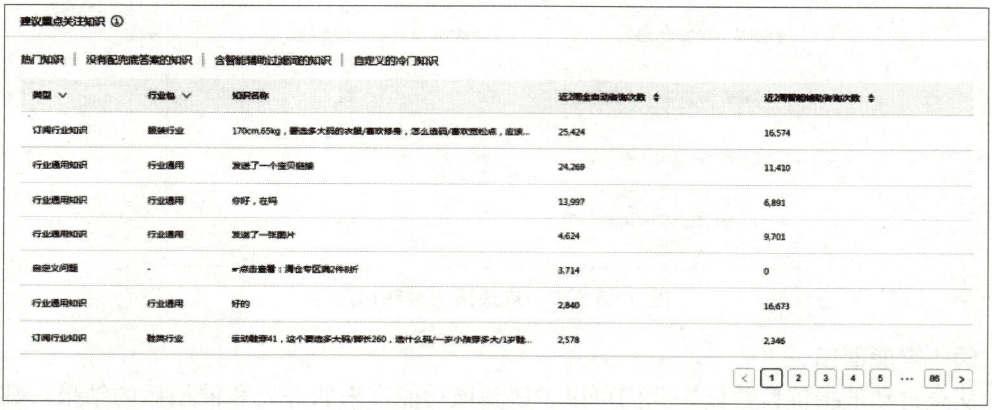

建议重点关注知识

热门知识 | 没有配兜底答案的知识 | 含智能辅助过滤词的知识 | 自定义的冷门知识

类型	行业包	知识名称	近2周全自动咨询次数	近2周智能辅助咨询次数
订阅行业知识	服装行业	170cm,65kg，要选多大码的衣服/喜欢修身，怎么选码/喜欢宽松点，应该...	25,424	16,574
行业通用知识	行业通用	发送了一个宝贝链接	24,269	11,410
行业通用知识	行业通用	你好，在吗	13,997	6,891
行业通用知识	行业通用	发送了一张图片	4,624	9,701
自定义问题	-	☞点击查看：清仓专区满2件8折	3,714	0
行业通用知识	行业通用	好的	2,840	16,673
订阅行业知识	鞋类行业	运动鞋穿41，这个要选多大码/脚长260，选什么码/一岁小孩穿多大/1岁鞋...	2,578	2,346

图 6－3－19　知识诊断数据

（2）商品诊断主要是对热门商品的诊断，热门商品是指咨询占所有商品的比例≥0.1%的商品，如图 6－3－20 所示。

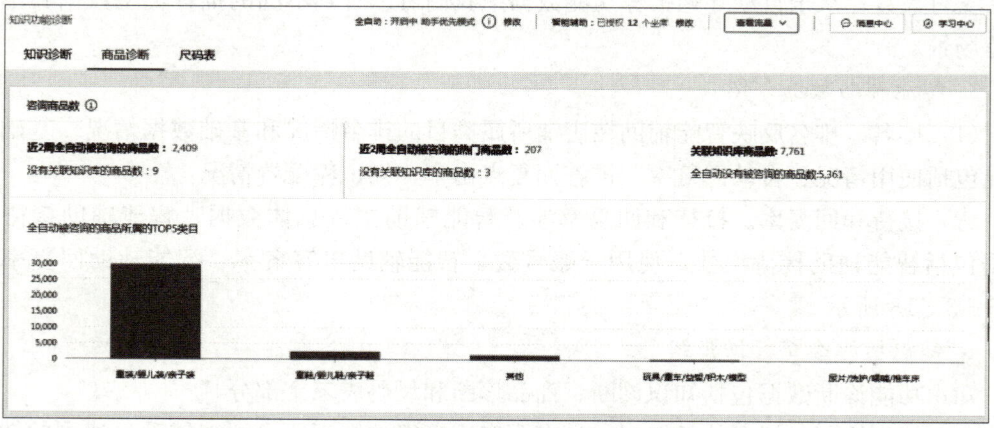

图 6－3－20　商品诊断数据

（3）尺码表模块目前只支持服装和鞋类等相关行业，所以其他行业该模块是不做展现的，如图 6－3－21 所示。

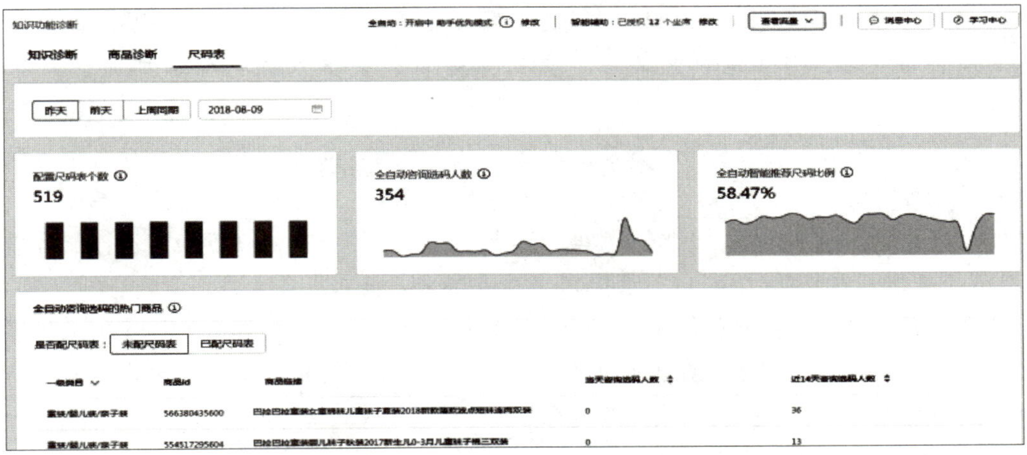

图 6－3－21　尺码表数据

知识拓展

在举国推进人工智能（AI）的大背景下，AI 改造传统客服体系成为香饽饽，不仅吸引巨头争相布局，资本和创业者也疯狂涌入，阿里小蜜、京东 JIMI、网易七鱼、智八哥等争奇斗艳。那么问题来了，新商业环境下如何做好新服务？智能客服的盛行到底是帮助还是取代人工客服？

一、新商业注重体验为王

谈到客服，很多人的想法还停留在“客服是低门槛岗位”“客服团队是兜底部门”，根本原因在于他们对于世界的变化之快不敏感。以新零售为代表的新商业正蓬勃发展，其本质是以消费者为中心，数据驱动的线上线下商业重构，注重体验为王。

新商业环境下，无论是经济形势还是消费者都发生显著变化，商品经济向体验经济跃迁，消费者从“买得到”“买得好”向“买得爽”升级，体验成为核心竞争力，商家必须驱动组织从服务向体验的能力升级，更敏锐、快速地抢占和填充“消费者体验”这块价值洼地，创造增量价值。

由此可见，消费者的改变正倒逼商家对组织架构、决策机制做出相应调整，打造适应新商业的新服务体系，真正让消费者“买得爽”。实际操作层面，有人认为应遵循“TED 原则”——T 是人才（Talent）、E 是赋能（Empower）、D 是数据（Data）。换言之，商家需要投入最好的人才、最大的权力、最好的技术，给服务团队充分赋权，并数据化驱动。

目前，智能客服领域的大大小小玩家，主要发力提升服务效率，降低客服人员投入成本，以便投入到其他价值更高的地方。网易七鱼发布的《客服行业现状白皮书》提及三个现象，生动揭示了客服从业者的生存现状。

（1）77%受访客服工作平均年限在 3 年以内，呈现出工作稳定性较差的状态。

(2) 51.4%受访客服对现有工作状态不满意，原因主要有工作强度大，经常加班、值夜岗；工资待遇低；工作内容枯燥，重复性强；负面情绪多，面对客户刁难，心理压力大；晋升路线不明确。(3) 43.5%受访客服主管对工作不满意，原因在于员工离职率高、招人难、员工培训成本高、员工效率低、缺少系统化培训体系、领导不重视。

智能客服机器人的诞生很大程度上改善了上述问题，其显而易见的贡献在于为反复被问到的问题提供一个标准化答案，优点是即时性回复，既能让客户省去等待时间，又能极大减少企业人力成本。比如，阿里小蜜上线半月日均接待400万人，服务能力堪比3.3万个客服，2016年“双11”承接95%服务请求，挑起服务大梁。

单这一突破，就能为人力密集的服务业带去福音，不仅帮助客服人员解决工作强度大、工作内容枯燥的问题，空出来的时间可以投入到更具价值的事情上去，也能帮助客服主管解决员工离职率高、招人难等问题。

二、智能客服带来三大利好

当然，智能客服的优越性并不局限于优化人员管理，其还能为客服行业带来更大的想象空间，主要包括带来三大变革：

1. 改善知识管理

传统模式的客服工作稳定性较差，知识没法沉淀、传承，一旦离职，知识随之离去，新员工必须从头学起。而像电商这种品类多、场景多的行业，客服需要具备丰富的知识储备，学习过程不论是对商家还是对员工，都是不小的负担。智能客服可以解决重复、简单的问题，商家配备专门的系统管理这部分知识，随着数据的增加，系统越来越智能，客服越智能用户越满意，形成正向循环。比如，基于平台大量服务数据，阿里小蜜天生具有一整套基础知识库，商家只需一键开通就能上岗工作。

2. 使服务深度化

自动回复只是智能客服的初级阶段，其演变趋势是服务越来越主动，主动提供个性化、灵活、深度服务，用户只要发出需求，智能客服就能快速搞定。比如，对于有选择困难的顾客而言，线上买衣服是很痛苦的体验，未来阿里小蜜会推出导购，为其挑出一些心仪的衣服，选择几件付完款后，就可以坐等收快递。其背后是阿里具备整合资源的能力，能对消费行为给出更专业的意见，而且主动服务中沉淀下来的各种数据，又将提高决策效率，形成正向循环。

3. 拓宽服务边界

过去，客服主要承担售后职能，辛苦不说，还不受重视，因为是“成本中心”；随着智能客服加速渗透，客服部门正日益成为企业提升用户体验的制高点，向“利润中心”转变。客服长期处在与用户直接接触的位置上，这无疑是一个绝佳的传递产品信息、企业理念的渠道，决定了其职能从售后延伸到售前、市场营销、品牌建设。

比如，电商常见的商品评价，乍看之下是售后，但细想后你会发现，评价好坏、处理是否得当，将影响后续的购买、对品牌的观感。不难看出，客户服务的内涵越来越丰富，包括售前、售后、运营、产品改进等内容，倒逼企业把客服从繁重、枯燥的工作中解放出来，重新定位部门价值。“让听得到炮火的人做决策”，阿里 CCO 线3 000 人中，一线客服只有 600 多人，剩下都是技术、智能、产品等领域的专家。

三、阿里小蜜让客服更受尊重

业内人士认为，未来会有越来越多的职业被 AI 取代。有人列出文员、司机、客服、会计、翻译、收银员等职业将面临失业危机，客服更是首当其冲，其大致观点是：客服的一个核心能力是洞察人性，一旦机器突破这一点就离取代人工客服不远了，且从技术和市场的两个角度来看具备可行性。

事实上，智能客服想要从有效率无温度的自动回复机器人，进化为有温度的品牌代言人，离不开“饲养员”这一新兴职业的助力，即机器人训练师，其主要任务是帮助机器人变得更聪明。以阿里小蜜为例，其正常运行的前提是储备充足的知识，因此需要人用问答体的方式喂养它、调教它。

任务实施

一、任务名称

熟悉阿里小蜜配置逻辑

二、任务目标

通过任务实施，结合本任务的相关知识，熟悉阿里小蜜配置逻辑的方法及技巧。

三、任务流程

任务流程如图 6－3－22 所示。

图 6－3－22

四、任务步骤

步骤 1　配置小蜜知识库答案

该步骤的目的是让大家学会配置小蜜知识库答案的方法。

(1) 进入“知识库”—“店铺知识”，找到想要编辑或增加答案的知识。

(2) 进入编辑页面，编辑答案内容，针对答案内容，进行增加时效、关联商品等操作。

(3) 对编辑好的知识进行效果测试。

步骤 2　配置欢迎语卡片

厘清总结不同情景下欢迎语卡片的配置技巧。

步骤 3　提升话术水平

分别从人工话术、解释说明、打消顾虑和促进销售四个方面分析总结提升话术吸引力的技巧，完成表6-3-1的填写。

表6-3-1 提升话术吸引力

	提升话术吸引力的技巧
人工话术	
解释说明	
打消顾虑	
促进销售	

步骤4 熟悉数据看板

对数据看板中的全自动数据中的排名、接待和转人工率、询单转化、欢迎语、智能催拍、商品推荐6个模块逐一进行操作学习。

步骤5 协作与展示

以小组协作的形式，介绍与展示千牛工作台中阿里小蜜配置的基本设置与功能。

课后思考

1. 什么是阿里知识库？
2. 阿里小蜜数据看板包括哪些功能模块？

项目习题

一、填空题

1. 阿里小蜜有以下三个特点：接待能力、响应时间和________。
2. 阿里小蜜的模式分为：全自动模式和________。
3. 阿里小蜜知识库包括行业高频场景、________、关键词。
4. ________是小蜜平台提供的查看小蜜机器人使用情况等各项数据指标的数据报表功能模块。

二、选择题

1. 以下关于优化小蜜答案的目的，说法正确的是（　　）。

A. 提升客户体验　　B. 降低小蜜的转人工率

B. 提高询单转化率　　D. 以上都是

2. 开启小蜜后，小蜜是通过以下哪个账号进行客服接待工作的？（　　）

A. 服务助手账号　　B. 子账号

B. 机器人账号　　D. 店铺名：服务助手

3. 小蜜的欢迎语卡片问题最多可以配置几条？（　　）

A. 7条　　B. 8条　　B. 9条　　D. 10条

4. 关于小蜜数据看板的全自动数据，以下不属于店铺在开启小蜜全自动模式下的数据中的模块的是（　　）。

A. 排名　　　　　　　　　　B. 接待和转人工率

B. 询单转化　　　　　　　　D. 自定义设置

三、简答题

1. 什么是阿里小蜜数据看板？

2. 阿里小蜜知识库由哪些要素构成？

参考文献

[1] 李伟萁，李光明．新编客户管理实务．北京：清华大学出版社，2016.

[2] 阿里巴巴商学院．网店客服．3 版．北京：电子工业出版社，2023.

[3] 史雁军．数字化客户管理．北京：清华大学出版社，2018.

[4] 李珊，贺雅文．顾客流失管理：基于贝叶斯理论的预测方法．北京：科学出版社，2017.

[5] 郭国庆，安贺新，汪榕．客户服务实务．大连：大连理工大学出版社，2015.

[6] 俞漪，花明．网络客户服务与管理．北京：北京理工大学出版社，2020.

[7] 老 A 电商学院，吴元轼．淘宝网店金牌客服实战．北京：人民邮电出版社，2015.

[8] 中国客户管理专业水平证书考试教材编写委员会．客户服务团队管理．北京：中国经济出版社，2012.